해도해도 안 되던 **영어회화**

하루에 **30**분씩

**90**일이면 **끝낸다**

출근영어와 함께 하는 1:1 맞춤 영어회화

해도해도 안 되던 **영어회화**

# 하루에 30분씩 90일이면 끝낸다

Carrot Korea 편집부 지음

가림 Let's

해도해도 안 되던 영어회화
## 하루에 30분씩 90일이면 끝낸다

2002년 8월 10일 제1판 1쇄 인쇄
2002년 8월 20일 제1판 1쇄 발행

지은이/Carrot Korea 편집부
펴낸이/강선희
펴낸곳/가림Let's

등록/2001. 12. 1. 제5-206호
주소/서울시 광진구 구의동 57-71 부원빌딩 4층
대표전화/458-6451    팩스/458-6450
홈페이지 http://www.galim.co.kr
e-mail  galim@galim.co.kr

값 11,000원

ⓒ Carrot Korea, 2002

저자와의 협의하에 인지를 생략합니다.
무단 복제 · 전재를 절대 금합니다.

ISBN 89-89967-04-X 03740

가림출판사 · 가림M&B · 가림Let's의 홈페이지(http://www.galim.co.kr)에 들어오시면 가림출판사 · 가림M&B · 가림Let's의 신간도서 및 출간 예정 도서를 포함한 모든 책들을 만나실 수 있습니다.
온라인 서점을 통하여 직접 도서 구입도 하실 수 있으며 가림 홈페이지 내에서 전국 대형 서점들의 사이트에 링크하시어 종합 신간 안내 및 각종 도서 정보, 책과 관련된 문화 정보를 받아보실 수 있습니다.
또한 홈페이지 방문시 회원으로 가입하시면 신간 안내 자료를 보내드립니다.

# 책머리에

　서점에 가보면 방대한 종류의 영어 교재 및 관련 책들이 홍수를 이루고 있다. 그 많은 책 중에서 어떤 책이 나에게 맞을지, 어떤 표현들이 실용적인 것인지 외국에 나가 보지 않은 사람들은 쉽게 알 수 없다.

　이 책은 저자들의 실제 외국 생활을 토대로 쓰여졌으므로 한국에서 영어 교육을 받은 사람들은 물론이고, 외국에서 생활을 해본 사람들까지도 참고서로 유용하게 사용할 것이라고 확신한다.

　불과 10년 전과 비교해 볼 때 우리나라 사람들의 영어 실력은 많이 향상되었다. 그래도 의외로 아지도 영어를 잘 하는 사람은 그리 많지 않다. 기계도 자주 사용하지 않으면 녹이 슬 듯이 언어라는 것도 그렇다. 심지어, 모국어도 외국에 나가 한 달만 전혀 사용하지 않는다면 갑자기 이상한 발음과 함께 생각대로 말이 나오지 않게 된다. 외국인과 일상에서 자주 접하지 않는 이상, 한국에서 영어를 잘 한다는 것은 참으로 어려운 일이다.

　이 책은 비록 영어를 자유자재로 구사할 수는 없지만 콩글리시 냄새를 풍기지 않으면서 마치 풍부한 외국 경험이 있는 듯한 표현을 원하는 사람들을 위해 쓰여졌다.

　때로는 문법적으로 이해가 되지 않거나 장난 같은 표현들이 실제 생활에서 많이 사용된다는 사실이 흥미롭지 않은가? 교과서에 나오는 "What's wrong with you?" 라는 재미없고 뻔한 표현보다는 "What's eating you?" 라고 해본다면 어떨까? 맛있는 반찬도 매일 먹다 보면 식상하게 되고, 근육도 같은 근육만 사용하게 되면 체형이 이상해지듯이 영어 표현도 다양하게 해보는 것이 절대적이다. 실용적인 영어 표현들을 익혀서 당당한 영어를 구사해보자. 이 책의 내용은 대화 위주로 구성되어 있다. 스스로 영작도 해보고, 많은 표현들도 익혀서 짧지만 알찬 영어를 구사해보는 것은 어떨까?

　끝으로, 이 책이 세상에 나오기까지 애써 준 가림Let's의 가족들과 지속적으로 지원을 아끼지 않으신 당근 영어 식구들과 누구보다도 늘 지켜주신 하나님께 감사를 드린다.

2002년 7월

당근 영어 편집부

# CONTENTS

# Unit. 2



# Unit. 3

# CONTENTS



# Unit. 4

# Unit. 5

# CONTENTS

# Unit. 8

# Unit.1
## DAILY LIFE
일상생활

# It is only a question of time.
## 그건 단지 시간 문제일 뿐입니다.

A: Your company is suffering from financial trouble.

B: Everything will turn out for the best.

A: You are confident of your company's success?

B: It's only a question of time.

A: What strategies have you implemented to ensure success?

B: We have a range of contingency plans.

A: 당신 회사가 경제 위기로 고생하고 있습니다.

B: 모든 일이 아주 잘될 거에요.

A: 당신은 회사의 성공을 확신합니까?

B: 그건 단지 시간 문제일 뿐입니다.

A: 성공을 위해 어떤 전략을 실행하고 있습니까?

B: 어떤 상황에서도 체계적으로 대처할 계획이 있습니다.

### 꼭 알아두세요

It's only a question of time. 이라고 하면 '그건 단지 시간 문제일 뿐입니다' 라는 표현으로서 우리말의 표현과 비슷하며 어떤 일이 곧 잘되거나 성사된다는 뜻이다. **Everything will turn out the best.** 라고 하면 '모든 일이 잘 처리될 거야.' 라는 표현으로, turn out은 '(전등을) 끄다, (물건 등을) 생산하다, 결국 ~한 상태가 되다, 판명되다' 의 뜻을 가진다. Be confident of ~ 는 '~을 확신하다', confidence는 '자신감, 확신' 을 말한다.

## Vocabulary

1. company: *n.* 회사, 사귐, 친구, 모임
2. suffer from: *v.* ~ 으로 고생하다
3. financial: *adj.* 재정의   finance: *n.* 재정
4. confident (of): *adj.* (~을) 확신하는
5. success: *n.* 성공   succeed: *v.* 성공하다
6. strategy: *n.* 전략
7. implement: *v.* 이행하다
8. ensure: *v.* ~을 확실하게 하다
9. range : *n.* 범위
10. contingency: *n.* 우연한 사건

주어진 내용을 이용해 다른 표현으로 바꾸어 본다.


1. She is suffering from __________.
   ◗ 그녀는 천식으로 고생하고 있습니다.
   ◗ 그녀는 독감으로 고생하고 있습니다.
   ◗ 그녀는 두통으로 고생하고 있습니다.
   ◗ 그녀는 치통으로 고생하고 있습니다.


2. Are you confident of __________________?
   ◗ 당신은 자신의 건강에 확신을 가지고 있습니까?
   ◗ 당신은 부모님의 사랑에 확신을 가지고 있습니까?
   ◗ 당신은 자녀의 행복에 확신을 가지고 있습니까?
   ◗ 당신은 친구의 우정에 확신을 가지고 있습니까?


회화  영어로 말해 보기

A: Isn't it only a question of time?
B: Yes, I am confident of my success.

# I don't want to be involved with this kind of affair.
## 저는 이런 일에는 관련되고 싶지 않습니다.

A: I'm falling into financial trouble.

B: I'm sorry to hear that.

A: Why don't you help me?

B: I don't want to be involved with that kind of affair.

A: Is there a reason you don't want to become involved?

B: It is important to maintain a professional relationship.

A: 금전적으로 어려움을 겪고 있습니다.

B: 참 안됐네요.

A: 저를 도와 주실 수 있습니까?

B: 저는 이런 일에는 관련되고 싶지 않습니다.

A: 관련되고 싶지 않은 무슨 특별한 이유라도 있습니까?

B: 전문가적 친분 관계를 유지하는 것이 중요합니다.

 꼭 알아두세요

I don't want to be involved with this kind of affair. 에서 **be involved with**는 '~에 관련되다, 어떤 일에 얽히다, 말려들다' 라는 뜻이며 **get involved with**를 사용하기도 한다. 다른 예문으로 **We've been involved with each other.**라고 하면 '우리는 서로 너무 깊숙이 빠져 버렸습니다.' 라는 뜻이며, They've finally become involved with the law.라고 하면 '그들이 마침내 법망에 걸려 들었다.' 라는 뜻이다. **fall into**는 '~이 되다, 하기 시작하다' 라는 뜻이다.

## Vocabulary

1. fall into: *v.* ~에 처하다
2. involve (in, with): *v.* ~에 연루되다, 관계하다
3. affair: *n.* 일, 사건
4. reason: *n.* 이유
5. maintain: *v.* 지속하다, 유지하다
6. professional: *adj.* 직업상의, 전문적인
7. relationship: *n.* 관계

## 영작 단어를 이용한 문장 만들기

주어진 내용을 이용해 다른 표현으로 바꾸어 본다.

1. I am falling into ___________.
   - 나는 곤란한 처지에 빠졌습니다.
   - 나는 잘못을 저지르고 있습니다.
   - 나는 나쁜 버릇이 생겼습니다.
   - 나는 경제 위기에 빠졌습니다.

2. I don't want to be involved with ________.
   - 나는 돈 문제에 관련되고 싶지 않습니다.
   - 나는 여자문제에 관련되고 싶지 않습니다.
   - 나는 김 사장과 관련되고 싶지 않습니다.
   - 나는 그 소문에 관련되고 싶지 않습니다.

## 회화 영어로 말해 보기

A: Why don't you ask him for a help?
B: I don't want to be involved with him any more.

# You look down.
## 기분이 안 좋아 보입니다.

A: **You look down.** What's wrong with you?

B: I'm down because I've lost money.

A: What did you do?

B: I went to the casino last night and gambled my money.

A: **Did you blow all your money?**

B: I spent my entire salary for the next month.

A: 기분이 안 좋아 보입니다. 무슨 일이 있습니까?

B: 돈을 많이 잃었기 때문에 지금 기분이 안 좋습니다.

A: 무엇을 했는데요?

B: 어젯밤에 카지노에 가서 도박을 했습니다.

A: 돈을 다 날렸나요?

B: 다음달 월급을 모조리 탕진했습니다.

### 꼭 알아두세요

You look depressed.의 의미이다. 비슷한 표현으로 I'm feeling blue. 역시 '나는 지금 기분이 안 좋습니다.' 라는 표현으로, down, blue 등은 not in a good mood의 뜻이다.

## Vocabulary

1. lost: *v.* lose의 과거형. ~을 잃어버렸다
2. casino: *n.* 카지노, 도박장
3. last night: *n.* 어젯밤
4. blow: *v.* 날리다
5. entire: *adj.* 전체의
6. salary: *n.* 봉급

## 영작  단어를 이용한 문장 만들기

주어진 내용을 다른 표현으로 바꾸어 본다.

1. I'm down because I've lost ________.
   - 나는 지갑을 잃어버렸기 때문에 기분이 안 좋습니다.
   - 나는 노트북을 잃어버렸기 때문에 기분이 안 좋습니다.
   - 나는 중요한 영수증을 잃어버렸기 때문에 기분이 안 좋습니다.
   - 나는 서류철을 잃어버렸기 때문에 기분이 안 좋습니다

2. I went to ________ yesterday.
   - 나는 어젯밤에 도서관에 갔었습니다.
   - 나는 어젯밤에 영화관에 갔었습니다.
   - 나는 어젯밤에 친구집에 갔었습니다.
   - 나는 어젯밤에 영어 학원에 갔었습니다.

## 회화  영어로 말해 보기

A: You looked down yesterday. What was wrong with you?
B: I was down because I lost my organizer.

# I'm just taking it one step at a time.
## 조금씩 꾸준히 하고 있습니다.

**A: I heard that you've been studying Chinese these days, Steve?**

**B: Yes, I'm studying Chinese.**

**A: How's it coming along?**

**B: I'm just taking it one step at a time.**

**A: I've heard that Chinese characters are complicated.**

**B: I agree, I've had a lot of trouble trying to memorize them.**

A: 스티브, 당신이 요즘 중국어를 공부한다고 들었습니다.

B: 맞아요. 저는 요즘 중국어를 공부하고 있습니다.

A: 어떻게 되어가고 있습니까?

B: 조금씩 꾸준히 하고 있습니다.

A: 한자가 복잡하다고 들었습니다.

B: 맞습니다. 한자를 외우는데 많은 어려움을 겪고 있습니다.

### 꼭 알아두세요

I'm just taking it one step at a time.은 '꾸준히 발전하거나 진행하고 있다, 속도는 더디지만 꾸준히 나아가고 있다' 라는 표현이다. at a time은 '한 번에' 라는 표현이다. **Take one at a time.** 이라고 하면 '한 번에 하나씩 가져 가세요.' 라는 뜻이 된다. 같은 표현으로 at once가 있다. 흥미로운 것은 trouble이라는 단어는 영어의 문어체보다 구어체에서 많이 사용된다는 점이다.

## Vocabulary

1. come along: *v.* ~이 되어가다
2. at a time: 한 번에
3. Chinese characters: *n.* 한자
4. complicate: *n.* 복잡하게 하다
5. memorize: *v.* 외우다

## 영작 단어를 이용한 문장 만들기

주어진 내용을 다른 표현으로 바꾸어 본다.

1. I heard that you've been learning _________ these days.
   - 당신이 요즘 수영을 배우고 있다고 들었습니다.
   - 당신이 요즘 연애를 하고 있다고 들었습니다.
   - 당신이 요즘 직장을 다니고 있다고 들었습니다.
   - 당신이 요즘 운전을 하고 있다고 들었습니다.

2. _________, I'm _________.
   - 네, 전 요즘 수영을 배우고 있습니다.
   - 아니오, 전 요즘 연애를 하고 있지 않습니다.
   - 네, 전 요즘 직장을 다니고 있습니다.
   - 아니오, 전 요즘 운전을 안 하고 있습니다.

## 회화 영어로 말해 보기

A: Have you been learning German these days?
B: No, I think learning English is more useful than German.

# I was disconnected three times today.

## 오늘 통화가 세 번이나 끊겼습니다.

A: I think my cellular phone must have a problem.

B: What's wrong with your phone?

A: I was disconnected three times today.

B: There must have been trouble with the communications service provider.

A: What am I supposed to do next?

B: Contact your provider to see if they are having technical problems.

---

A: 제 핸드폰에 문제가 생긴 것 같습니다.

B: 무슨 문제가 있습니까?

A: 오늘 통화가 세 번이나 끊겼습니다.

B: 통신 시설에 문제가 있었던 것 같습니다.

A: 다음에 무엇을 해야 하지요?

B: 기술적인 문제가 있는지 구입한 곳에 연락해 확인해 보십시오.

---

### 꼭 알아두세요

disconnect oneself from~ 이라고 하면 '~와의 관계를 끊다' 라는 표현이다. 비슷한 표현으로 cut off라는 표현을 사용할 수 있다.

## Vocabulary

1. disconnect: *v.* 연결이 끊기다
2. cellular phone: *n.* 핸드폰
3. communication: *n.* 통신, 의사전달
   communicate: *v.* 의사를 전달하다
4. service: *n.* 서비스, 용역, 공급시설
   serve: *v.* 섬기다, 임무를 다하다
5. provider: *n.* 공급자   provision: *n.* 제공
   provide: *v.* 공급하다, 제공하다
6. technical: *adj.* 기술적인

주어진 내용을 다른 표현으로 바꾸어 본다.

1. I think, there must be a _______________.
   - 제 손목 시계에 문제가 생긴 것 같습니다.
   - 벽시계에 문제가 생긴 것 같습니다.
   - 제 차에 문제가 생긴 것 같습니다.
   - 제 모니터에 문제가 생긴 것 같습니다.

2. There must have been trouble with ___________.
   - 음향 시스템에 문제가 있는 것 같습니다.
   - 제 전화기에 문제가 있는 것 같습니다.
   - 회사 인터넷 서버에 문제가 있는 것 같습니다.
   - 우리는 의사소통에 문제가 있는 것 같습니다.

회화    영어로 말해 보기

A: Did you speak with James on a phone yesterday?
B: No, I was disconnected twice yesterday.



일상생활   DAILY LIFE

# I was tied up in traffic.
## 차가 너무 막혀서 꼼짝 못 했습니다.

A: Why are you so late?
B: I was tied up in traffic.
A: What happened?
B: There was a car accident on the free way.
A: Was it a very serious accident?
B: I think there was a fatality, because the police were at the scene.

A: 왜 이렇게 늦었습니까?
B: 차가 너무 막혀서 꼼짝 못 했습니다.
A: 무슨 일이 있었습니까?
B: 고속도로에서 교통사고가 있었습니다.
A: 큰 사고였습니까?
B: 경찰이 있었던 것으로 보아 아마도 사망자가 있었던 것 같습니다.

### 꼭 알아두세요

'차가 막히다' 에는 traffic jam, traffic congestion, grid lock condition, bumper to bumper traffic 등의 많은 표현이 있다. tie는 묶다, 동여매다 등의 뜻으로 사용되는데, tie up은 관계를 맺다, 꼼짝 못 하다, 몰두하다 등의 뜻으로 사용될 수 있다.

미국의 고속 도로는 지역에 따라 **free way** 또는 **high way**라고 부른다.

여기서 명심할 것은 the police는 경찰들이란 복수의 의미가 있어 were가 사용되었다.

## Vocabulary

1. traffic: *n.* 교통, 통행
2. accident: *n.* 사고
3. free way: *n.* 미국의 고속 도로
4. serious: *adj.* 심각한
5. fatality: *n.* 사망, 치명
6. scene: *n.* 장면, 현장

## 영작 단어를 이용한 문장 만들기

주어진 내용을 다른 표현으로 바꾸어 본다.

1. Why are you so _______?
   - 왜 그렇게 안달입니까?
   - 왜 그렇게 기분이 안 좋습니까?
   - 왜 그렇게 흥분합니까?
   - 왜 그렇게 아팠었습니까?

2. There was _________ on my way home.
   - 집에 오는 길에 자동차 사고가 있었습니다.
   - 집에 오는 길에 마라톤 경주가 있었습니다.
   - 집에 오는 길에 거지가 있었습니다.
   - 집에 오는 길에 길 잃은 강아지가 있었습니다.

## 회화 영어로 말해 보기

A: What happened last night?
B: I was tied up in a car accident on a free way.

# I'm going to take in Chicago on my way home.
## 저는 돌아오는 길에 시카고에 들를 예정입니다.

**A: I heard you have a plan to visit your hometown.**

**B: Yes, I'm going to take in Chicago on my way home.**

**A: That sounds like a great idea.**

**B: You can join us if you like.**

**A: Do you remember your hometown very clearly?**

**B: Even though it has been a long time since I visited, I remember it very clearly.**

A: 제가 알기로는 당신은 고향으로 여행갈 계획을 갖고 있다고 들었습니다.

B: 네, 저는 돌아오는 길에 시카고에 들를 예정입니다.

A: 좋겠습니다.

B: 괜찮다면 당신도 우리와 함께 갈 수 있습니다.

A: 당신 고향을 매우 선명히 기억합니까?

B: 고향을 방문한 지 오래되었지만, 매우 선명히 기억납니다.

### 꼭 알아두세요

take in은 '받아들이다, 머무르다, 포함시키다, 속이다' 등 다양한 뜻으로 사용될 수 있지만 여기에서처럼 '~에 들르다' 라는 뜻으로도 사용될 수 있다. We take in a show. 라고 하면 '우리는 쇼구경을 갔었습니다.' 라는 표현이 된다. On one's way to ~ 는 '~에 가는 도중에' 라는 표현이다. '~에 잠깐 들르다' 는 drop by, drop in, call at, step at, stop by, come by 등 많은 표현들이 있다.

## Vocabulary

1. take in: *v.* 들러서 방문하다
2. plan: *n.* 계획
3. join: *v.* 함께 하다
4. hometown: *n.* 고향

 단어를 이용한 문장 만들기

주어진 내용을 다른 표현으로 바꾸어 본다.

1. I'm going to take in __________.
   - 나는 학교에 가는 길에 내 친구의 집에 들를 것이다.
   - 나는 병원에 가는 길에 우체국에 들를 것이다.
   - 나는 집에 가는 길에 은행에 들를 것이다.
   - 나는 학원에 가는 길에 서점에 들를 것이다.

2. I heard you have a plan to __________.
   - 제가 알기로는 당신은 미국으로 여행갈 계획이라고 들었습니다.
   - 제가 알기로는 당신은 사업을 할 계획이라고 들었습니다.
   - 제가 알기로는 당신은 결혼을 할 계획이라고 들었습니다.
   - 제가 알기로는 당신은 출장을 갈 계획이라고 들었습니다.

회화 영어로 말해 보기.

A: You can join us on a hike if you like.
B: No, thank you, I have another plan.
   (=No, thank you, I have another an appointment.)

일상생활

DAILY LIFE

# 8 LESSON

## The horror scenes gave me gooseflesh.
## 저는 무서워서 소름이 돋았었습니다.

**A: Did you see the famous musical "Phantom of the Opera"?**

**B: Yes, I did. The horror scenes gave me gooseflesh.**

**A: What type of themes did the musical explore?**

**B: It explored the dark and desperate nature of humanity.**

**A: How was the song and dance performance?**

**B: It was very nice.**

A: 유명한 뮤지컬 "오페라의 유령"을 보셨습니까?

B: 네, 보았습니다. 저는 무서워서 소름이 돋았었습니다.

A: 뮤지컬에서 보여주고자 하는 주제는 무엇이었습니까?

B: 인간 내면 세계의 어두움과 절망이 주제였습니다.

A: 노래와 춤은 어땠습니까?

B: 매우 훌륭했습니다.

### 꼭 알아두세요

두려움, 무서움 때문에 소름이 돋는다는 표현으로 gooseflesh를 사용할 수 있다. 직역하면 '거위살' 이라는 표현인데, 우리말처럼 닭살(chicken flesh)이라고는 하지 않는다. 같은 표현으로는 I've got gooseflesh. 라고 할 수 있다. 또는 I've got goose pimps. 또는 I've got goose bumps. 도 같이 사용할 수 있다.

## Vocabulary

1. fear: *n.* 두려움 *v.* 두려워하다
2. gooseflesh: *n.* 소름
3. horror: *adj.* 공포의
4. Phantom of the Opera: *n.* 오페라의 유령 (뮤지컬 이름)
5. performance: *n.* 공연
6. theme: *n.* 주제, 테마
7. explore: *v.* 탐험하다, 추구하다
8. desperate: *adj.* 절망적인
9. humanity: *n.* 인간성, 인류

## 영작 단어를 이용한 문장 만들기

주어진 내용을 다른 표현으로 바꾸어 본다.


1. ___________ gave me gooseflesh.
   - 귀신 이야기에 소름이 돋았다.
   - 차가운 음료수를 마셨더니 소름이 돋았다.
   - 잔인한 장면에 소름이 돋았다.
   - 슬픈 사랑 이야기에 온몸에 전율과 함께 소름이 돋았다.


2. How was ___________?
   - 월드컵 개막식은 어땠습니까?
   - 월드컵 폐막식은 어땠습니까?
   - 친구의 결혼식은 어땠습니까?
   - 당신의 첫 수업은 어땠습니까?


## 회화 영어로 말해 보기

A: Did you see the famous musical movie "The Sound of Music"?
B: Yes, my body went gooseflesh all over.

# I like traveling all over Europe.
## 저는 유럽 방방곡곡의 이곳 저곳 여행하는 것을 좋아합니다.

A: What is your favorite hobby?

B: I like traveling all over Europe.

A: It sounds great. What is your favorite place?

B: I love Paris. There are many masterpieces of art and painting.

A: What is your favorite place in Paris?

B: The banks of the Seine river are beautiful, and a great place to sit and think.

A: 당신은 어떤 취미활동을 즐겨 하십니까?

B: 저는 유럽 방방곡곡 이곳 저곳 여행하는 것을 좋아합니다.

A: 대단합니다. 특히 당신이 좋아하는 곳은 어디입니까?

B: 저는 파리를 좋아합니다. 그 곳에는 수많은 걸작들이 있습니다.

A: 파리에서도 어디를 가장 좋아합니까?

B: 세느 강변은 참 아름답고 앉아서 생각하기에도 정말로 좋은 곳입니다.

### 🥕 꼭 알아두세요

all over라고 하면 여기저기라는 의미이다. travel 대신 get around를 사용해도 된다. masterpiece는 간단히 master와 piece가 결합된 단어이다. like는 동명사나 부정사를 목적어로 취하는 동사인데 그 밖에도 begin, enjoy, mind, resist, omit 등이 있다.

## Vocabulary

1. travel: *n.* 여행
2. favorite: *adj.* 마음에 드는, 좋아하는
3. masterpiece: *n.* 걸작
   (master: 주인, 거장, piece: 한 조각, 작품)
4. bank: *n.* 둑, 은행

주어진 내용을 다른 표현으로 바꾸어 본다.

1. I like ____________________.
   ◑ 나는 집 안 구석구석을 청소하는 것을 좋아한다.
   ◑ 나는 빨래하는 것을 좋아한다.
   ◑ 나는 친구와 세계 방방곡곡을 여행하는 것을 좋아한다.
   ◑ 나는 방바닥을 구석구석까지 걸레로 깨끗이 닦는 것을 좋아한다.

2. There are many ____________.
   ◑ 그 곳에는 아름다운 동식물들이 많이 있다.
   ◑ 그 곳에는 맛있는 음식과 음료가 많다.
   ◑ 그 곳에는 비싼 옷과 고급 차들이 많다.
   ◑ 그 곳에는 높고 큰 건물들이 많다.

회화  영어로 말해 보기

A: What is your favorite musical instrument?
B: My favorite musical instrument is the flute.

# You look done in.
## 매우 지쳐 보입니다.

A: **Come in and sit down.** You look done in.

B: **I feel so cold and frazzled.**

A: **Where have you been?**

B: **I've been to a soccer game.**

A: **Who was the match between?**

B: **It was an international friendly match between Korea and England.**

---

A: 어서 들어와 앉으세요. 매우 지쳐 보입니다.

B: 매우 춥고 피곤합니다.

A: 어디에 갔었습니까?

B: 저는 축구 경기를 보러 갔었습니다.

A: 어디와 어디 경기였습니까?

B: 한국과 영국의 친선 매치 경기였습니다.

---

### 꼭 알아두세요

**You look done in.**은 Look so tired.와 같은 표현이지만 exhausted와 같이 완전히 기진맥진한, 매우 지쳐 보이는 상태를 뜻한다. 한편 여기에서 frazzled은 닳아서 너덜너덜해지다, 또는 기진맥진하다라는 뜻으로 사용되는 표현이다. 일반적으로 football은 미식축구를 의미하고, soccer가 보통 생각하는 축구를 의미한다.

## Vocabulary

1. frazzle: *v.* 기진맥진하다
2. soccer: *n.* 축구
3. international: *adj.* 국제적인

## 영작   단어를 이용한 문장 만들기

주어진 내용을 다른 표현으로 바꾸어 본다.

1. You look _____________.
   ◑ 매우 창백해 보입니다.
   ◑ 매우 활기차 보입니다.
   ◑ 매우 목말라 보입니다.
   ◑ 매우 야위어 보입니다.

2. I feel so _________________.
   ◑ 너무 덥고 끈적끈적합니다.
   ◑ 너무 따뜻하고 포근합니다.
   ◑ 너무 지루하고 재미없습니다.
   ◑ 너무 행복하고 만족스럽습니다.

## 회화   영어로 말해 보기

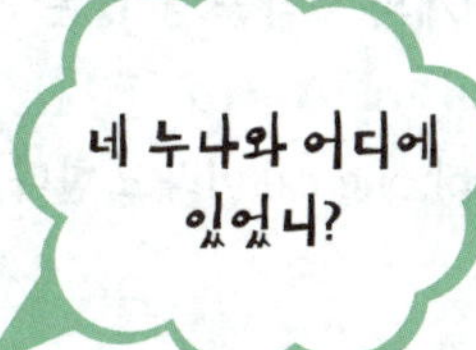

A: Where have you been with your older sister?
B: I've been to the stadium.

# 11 LESSON

# I got a prank call from someone.
## 누군가에게서 장난 전화를 받았습니다.

A: Why are you so angry?
B: I got a prank call from someone.
A: What did they say?
B: They were highly rude and offensive.
A: You can trace the number through the telephone company.
B: I will go to the police station.

A: 당신은 왜 그렇게 화가 났습니까?
B: 누군가에게서 장난 전화를 받았습니다.
A: 뭐라고 말했는데요?
B: 매우 건방지고 불쾌했습니다.
A: 전화국을 통해 번호를 추적할 수 있습니다.
B: 경찰서로 갈 예정입니다.

### 꼭 알아두세요

여기에서 prank는 짓궂은 장난, 농담, 간사한 계략, 기계의 오작동 등 많은 의미로 사용되며 화려하게 차려 입는다는 의미로도 사용된다. 한편 play pranks on이라고 하면 '~를 조롱하다' 라는 표현이 된다. 참고로 협박전화는 a threatening telephone call이라고 한다.

## Vocabulary

1. prank: *n.* 장난, *v.* 장난을 치다
   Play pranks on~ : ~에게 장난을 치다
2. trace: *v.* 추적해서 알아내다, 거슬러 올라가다
3. through: *adv.* ~을 통해서
4. police: *n.* 경찰
   보통 the police는 복수의 뜻으로 쓰임.
5. rude: *adj.* 무례한, 건방진
6. offensive: *adj.* 모욕적인

## 영작　단어를 이용한 문장 만들기

주어진 내용을 다른 표현으로 바꾸어 본다.

1. I got _________ from someone.
   - 누군가가 e-메일을 보냈습니다.
   - 누군가가 돈을 보냈습니다.
   - 누군가가 다량의 스팸 메일을 보냈습니다.
   - 누군가가 상품권을 보냈습니다.

2. I will go to ___________.
   - 나는 시청에 갈 것입니다.
   - 나는 주차장에 갈 것입니다.
   - 나는 주유소에 갈 것입니다.
   - 나는 미용실에 갈 것입니다.

## 회화　영어로 말해 보기

A: Don't give a prank call to your friend.
B: I never give a prank call to my friend.

# I want her to keep an eye on the children.
## 저는 그녀가 아이들을 돌보기를 원합니다.

**A: Why are you dissatisfied with your wife?**

**B: She is so absorbed in her work, that she neglects her obligations at home.**

**A: What do you want her to do?**

**B: I want her to keep an eye on the children.**

**A: Do you think that a woman's role should be in the home after they are married?**

**B: I know it sounds old fashioned, but that is what I believe.**

---

A: 당신의 아내에게 무슨 불만이 있습니까?

B: 그녀는 일에 빠져 가정을 돌보지 않습니다.

A: 당신은 그녀에게 무엇을 원합니까?

B: 저는 그녀가 아이들을 돌보기를 원합니다.

A: 당신은 여자가 결혼을 한 후에는 집에 있어야 한다고 생각하십니까?

B: 전근대적인 사고 방식이라고 생각될지 모르지만 저는 그렇게 믿습니다.

---

### 꼭 알아두세요

keep an eye on은 '~를 돌보다' 라는 의미로 take care of와 같은 의미이다.

일에 빠진 사람은 workcoholic이라고 하고, 알코올 중독자는 alcoholic이라고 한다.

---

## Vocabulary

1. absorb in: *v.* 열중하다
   absorb: *v.* 흡수하다  absorption: *n.* 흡수
2. neglect: *v.* 등한시하다, ~을 방치하다
   *n.* 무시, 방치
3. obligation: *n.* 의무, 책무
   obligate: *v.* 의무를 지다
4. old fashioned: *adj.* 구식의, 전근대적인
5. dissatisfied (with) : *adj.* ~하는 데에 불만족한
6. role: *n.* 역할

 단어를 이용한 문장 만들기

주어진 내용을 다른 표현으로 바꾸어 본다.

1. Why are you dissatisfied with ________________?
   ◑ 당신 상사에게 무슨 불만이 있습니까?
   ◑ 당신의 직업에 무슨 불만이 있습니까?
   ◑ 당신의 봉급에 불만이 있습니까?
   ◑ 당신의 외모에 불만이 있습니까?

2. She is so absorbed in her work, that she ________.
   ◑ 그녀는 일에 빠져 남자친구가 없습니다.
   ◑ 그녀는 일에 빠져 가족들에게 소홀합니다.
   ◑ 그녀는 일에 빠져 집에 늦게 들어옵니다.
   ◑ 그녀는 일에 빠져 집안일에 소홀합니다.

 영어로 말해 보기

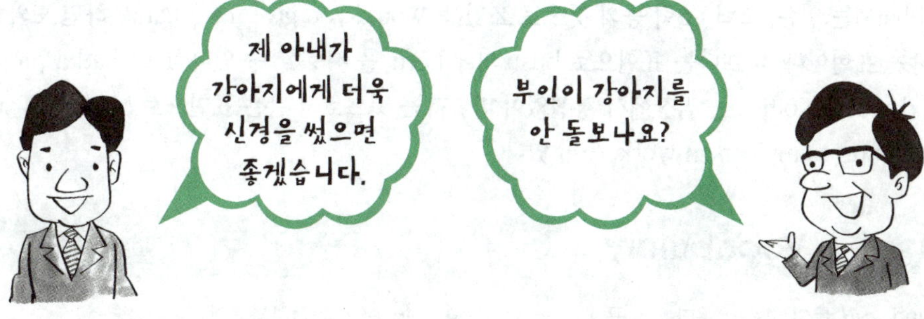


A: I want my wife to keep an eye on the dog.
B: Doesn't she keep an eye on the dog? (=Doesn't she take care of the dog?)

# My hands are tied.
## 매우 바쁩니다.

**A: What's the matter with you?**

**B: My hands are tied.**

**A: How are you restricted?**

**B: My boss refuses to be flexible in regards to my business proposal.**

**A: That sounds not that bad.**

**B: Do you think so?**

A: 무슨 문제가 있습니까?

B: 매우 바쁩니다.

A: 어떻게 발이 묶였습니까?

B: 상사가 제 비즈니스 제안에 대해 유연하게 대처하길 거부합니다.

A: 뭐 그렇게 나쁘지는 않네요.

B: 그렇게 생각하세요?

### 꼭 알아두세요

여기서 hand는 일손, 노력, 조력 등의 뜻으로 쓰였다. Would you give me a hand? 하면 도와줄 수 있냐는 표현이다. 바쁘다는 표현으로 busy 외에 hectic을 사용할 수 있다. I've had a pretty hectic day at the office.는 직장에서 정신없이 바쁘다는 뜻으로서 같은 표현으로 My hands are full.과 I'm up to my ears in work. 등이 있다.

## Vocabulary

1. tied: *adj.* 묶인  tie: *v.* 묶다,  *n.* 끈
2. matter: *n.* 일, 문제
   What's the matter with you? 무슨 일이야?
3. restrict: *v.* 제한하다
4. refuse: *v.* 거절하다
5. flexible: *adj.* 유연한, 융통성이 있는
6. proposal: *n.* 제안

## 영작 단어를 이용한 문장 만들기

주어진 내용을 다른 표현으로 바꾸어 본다.


1. What _______ the matter with _________?
   ◐ 그들에게 무슨 문제가 있었습니까?
   ◐ 당신 가족에게 무슨 문제가 있을 것 같습니까?
   ◐ 당신 삼촌에게 무슨 일이 있습니까?
   ◐ 당신 시어머니에게 무슨 일이 있습니까?


2. My boss refuses to be flexible in regards to ________________.
   ◐ 상사가 예산 조정에 대해 유연하게 대처하길 거부합니다.
   ◐ 상사가 급여준칙에 대해 유연하게 대처하길 거부합니다.
   ◐ 상사가 협상에 있어 유연하게 대처하길 거부합니다.
   ◐ 상사가 해외 진출에 대해 유연하게 대처하길 거부합니다.


## 회화 영어로 말해 보기

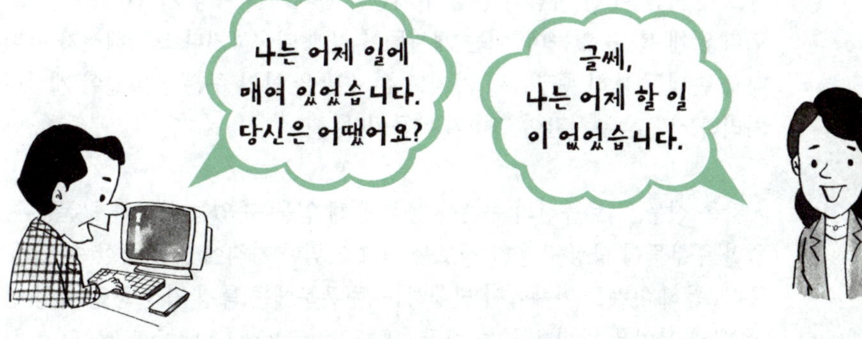


A: I was tied up with work yesterday. How about you?
B: Well, I had nothing to do yesterday.

## 쿠폰(Coupon)

　요즘 우리나라에서도 쿠폰 홍수라고 해도 좋을 만큼 많은 쿠폰들이 발행되고 있다. 각종 청구서를 받을 때는 물론 갖가지 우편물을 통해 배달되는 이러한 쿠폰들은 보통 곧장 쓰레기통에 버려지는 경우가 많다. 그런데 미국에도 이러한 쿠폰 문화가 있을까?

　사실 쿠폰 문화는 미국이 그 원조라고 해도 과언이 아닐 만큼 쿠폰의 사용이 매우 활성화되어 있다. 가정의 우편함과 공공주택의 알림판에는 각종 마켓에서 발행하는 다양한 쿠폰들이 늘 수북이 쌓여 있기 마련인데 이러한 쿠폰들은 대부분 1달러 미만의 쿠폰들이어서 미국 사람들이 이러한 쿠폰을 이용할까 하고 의구심이 들기 마련이다.

　하지만 놀랍게도 미국의 소비자들은 이러한 할인 쿠폰들을 일일이 챙겨 놓았다가 쇼핑을 할 때 알뜰하게 이용하는 경우가 많다. 할인받을 수 있는 금액이 많아야 고작 몇 달러에 불과하지만 미국 사람들은 정말 열심히 쿠폰을 모으고 열심히 이용한다. 편한 것을 추구하고 귀찮은 것을 싫어하는 미국 사람들의 습성에 비하면 참 의외라는 생각이 들기도 한다.

　미국의 식료품점이나 편의점에 가 보면 사람들이 때때로 계산대 앞에서 긴 줄로 늘어선 채 한 사람의 손님이 계산을 마치기를 마냥 기다리는 장면을 어렵지 않게 볼 수 있는데, 이는 캐셔들이 일에 미숙하거나 느긋해서가 아니라 바로 손님들 특히 주부들이 가지고 온 수많은 할인 쿠폰을 일일이 계산하고 처리하느라 많은 시간이 걸리기 때문이다.

　각종 신문, 식료품점의 쿠폰북 등을 통해 얻을 수 있는 다양한 쿠폰들은 알뜰한 주부들이 항상 유용한 정보를 얻고 저렴한 가격에 물건을 살 수 있게 해준다. 특히 마켓들 자체에서 발행하는 쿠폰북에는 특정 기간 동안 특정 상품에 대해 할인을 많이 해주는 쿠폰, 또는 Buy One, Get One Free라고 하여 물건 하나를 사면 하나를 덤으로 주는 쿠폰 등 잘만 활용하면 상당한 돈을 아낄 수 있는 경우도 많다.

이렇게 쿠폰을 잘 활용하는 습관은 저소득층의 사람들뿐 아니라 부유층의 사람들이 모여 사는 동네에서도 마찬가지여서, 중산층 주부들 역시 변함 없이 쿠폰을 이용하여 알뜰 쇼핑을 하는 모습을 흔히 볼 수 있다.

소비자들은 최대한 돈을 아끼기 위해 귀찮게 여겨지는 할인 쿠폰을 유용하게 이용하고, 대형 마켓들은 이러한 소비자들의 심리를 자신들의 유용한 마케팅 전략으로 활용하는 모습에서 미국 사람들의 합리적인 소비문화와 절약하는 마음을 엿볼 수 있다.

## 사전찾기

1. 쿠폰 : coupon
2. 홍수 : flood  cf. 쿠폰의 홍수 *a*. flood of coupons
3. 청구서 : bill
4. 소비자 : customer
5. 식료품점 : grocery store
6. 편의점 : convenient store
7. 계산대 : cashier
8. 주부 : housewife
9. 중산층 : middle class
10. 소비 : consumption cf. consume 소비하다
11. 상품 : goods, product
12. 절약 : saving, frugality

# 직장 내 탁아 시설이 잘 갖춰져 있는 미국

최근 우리나라에서도 맞벌이를 하는 가정들이 많아지고 있다. 이렇게 맞벌이 부부들이 많아지면서 대두되고 있는 문제 중의 하나가 바로 직장 여성들의 육아 문제이다. 탁아 시설 제도가 제대로 발달되어 있지 않은 우리나라의 경우 자녀의 탁아 문제를 해결하지 못하여 자신들의 능력을 사회에서 제대로 활용하지 못하고 직장을 그만두는 여성들이 많은 것 같다. 여성들의 사회활동이 매우 보편화되어 있는 미국의 경우 사회적으로 탁아 시설 제도가 매우 잘되어 있다.

이번 이야기에서는 미국의 직장 내 탁아(Day-care center) 시설에 대하여 알아 보도록 하자.

미국에서도 여성들이 직장생활, 사회생활에서 성공하고 훌륭하게 자녀를 양육하는 일을 동시에 해내는 것은 그리 쉬운 일이 아니다. 미국의 여성들은 우리나라 여성들보다 더 적극적으로 사회활동에 참여하고 있으며 기업들 또한 여성들이 마음 놓고 회사 일에 전념할 수 있도록 적극적인 지원을 아끼지 않고 있다. 회사 내에 설치되어 있는 탁아소도 이러한 취지로 마련되어 있는 것이며 아이를 기르는 문제를 한 가정의 문제가 아닌 국가 및 사회가 복지정책 차원에서 함께 그 책임을 맡아야 한다는 의식에서 비롯되었다고 할 수 있다. 미국의 직장 내 탁아소는 회사가 직접 운영하는 것보다는 전문 회사에 맡겨 운영하는 것이 대부분이다. 이러한 이유로 유명한 사내 탁아소 운영 업체가 있을 정도이며, 이들은 전국적인 서비스망을 확보하고 최상의 서비스를 제공하고 있다. 이 중 가장 유명한 회사는 Bright Horizon Family Solution이라는 회사로 미국의 유명 기업들 내의 사내 탁아소를 운영하고 있으며, 기업들에게 결과적으로 보다 높은 생산성과 매출 달성을 가져다 주고 있다고 한다.

미국에서 이러한 직장 내 탁아소는 보통 1,000달러 미만의 저렴한 요금으로 이용할 수 있는 경우가 대부분이며 20% 정도는 회사에서 지원해주는 것이 일반적이다. 이는 일반 탁아 시설 요금에 비해 매우 저렴한 비용으로 이용할 수 있는 수준이다. 이처럼 사내 탁아소를 갖춘 회사들의 구내 식당에는 어린이용 의자가 따로 준비되어 있어 직장인 부모들이 점심 시간을 이용하여 직장 내 탁아소에 있는 자녀들과 식당에서 함께 식사할 수 있도록 배려하기도 한다.

　미국 이외의 대부분의 선진국에서도 자녀를 가진 부모들이 마음 놓고 일할 수 있도록 나라에서 지원하는 육아 시설들이 잘 갖추어져 있는 경우가 대부분이다. 이와 같은 직장 내 탁아소 운영 이외에도 미국의 기업들은 충분한 출산 휴가 및 집에서 근무할 수 있는 재택 근무제, 출퇴근 시간을 마음대로 정할 수 있는 자율 근무 시간제, 자녀 양육 보조비 추가 지급 등 다양한 사내 복지 제도로 근로자들의 부담을 덜어 주고 있다. 이에 반하여 우리나라는 아직 직장 여성을 위한 탁아 시설이나 이에 대한 정부나 회사의 지원 여부가 미흡한 것 같다. 이러한 복지 시설들을 마련하는 것은 궁극적으로 여성들이 보다 더 가정과 회사에 충실하고 업무 효과를 높일 수 있는 결과를 가져오므로 장기적으로 볼 때 사회적·국가적으로 긍정적인 효과를 가져오리라 생각한다.

## 사전찾기

1. 맞벌이 가정 : dual- income family
2. 맞벌이 부부 : husband and wife both working
3. 탁아소 : day-care center, nursery
4. 자녀 양육 : bringing up children
5. 전념하다 : devote, concentrate
6. 지원하다 : support, aid, back up
7. 복지 시설 : welfare facilities
8. 생산성 : productivity
9. 구내 식당 : cafeteria
10. 선진국 : developed country
11. 출산 휴가 : maternity leave
12. 재택 근무하다 : work from home
13. 장기적 : long-term

# Unit. 2
## AT WORK

직장생활

# Welcome aboard!
## 함께 일하게 되어 반갑습니다.

A: Are you a new employee?

B: Yes, I started today.

A: Nice to meet you. I'm Tony. Welcome aboard!

B: Thanks Tony. I'm Graham, and I'll be working in accounting.

A: Hey, Graham, I work in accounting too!

B: Perhaps we should go out to lunch sometime.

---

A: 신입사원입니까?

B: 네, 오늘부터 근무합니다.

A: 저는 토니입니다. 함께 일하게 되어 반갑습니다.

B: 고맙습니다, 토니. 저는 그레이엄입니다. 그리고 회계 부서에서 근무하게 될 것입니다.

A: 그래요. 저도 회계 부서에서 일합니다.

B: 언제 점심 같이 먹으로 나가죠.

### 꼭 알아두세요

보통 우리가 비행기나 배를 타면 "Welcome aboard(탑승, 승선을 환영합니다)." 란 말을 종종 듣게 된다. 하지만 여기서 알아두어야 할 것은 이 표현은 위의 대화문에서처럼 신입사원이나 어떤 모임 등의 새로운 멤버를 환영할 때 사용하는데 간단하게 We are happy to have you here.로 표현할 수 있다. 그리고 '회계부서를 맡게 된 ~라고 합니다.' 는 I'll be in charge of accounting.이라고 한다

## Vocabulary

1. aboard: *adv.* 배 안에서, 기내에서
2. employee: *n.* 피고용인
   employer: *n.* 고용주
3. accounting: *n.* 회계학, 회계
4. perhaps: *adv.* 아마도, 어쩌면

## 영작 단어를 이용한 문장 만들기

주어진 내용을 다른 표현으로 바꾸어 본다.

1. Are you a ____________?
   - ◗ 새로 오신 교수님이십니까?
   - ◗ 당신이 새로 온 고용주입니까?
   - ◗ 당신이 새로 온 직원입니까?
   - ◗ 당신은 사업가이십니까?

2. Welcome ____________________.
   - ◗ 한국에 오신 걸 환영합니다.
   - ◗ 저희 집에 오신 걸 환영합니다.
   - ◗ 우리와 함께 하게 되신 걸 환영합니다.
   - ◗ 저희 가게에 오신 걸 환영합니다.

## 회화 영어로 말해 보기

A: Are you a new owner?
B: Yes, I opened it the day before yesterday.

# Going out of business.
## 폐업, 파산하다.

**A: Wow, everything is so cheap!**

**B: They're going out of business, so they're trying to get rid of all their stock.**

**A: What forced them into liquidation?**

**B: I think that they over-extended their line of credit, and didn't make their repayments.**

**A: That's too bad.**

**B: There must be nothing they could do about it.**

A: 와, 여기 제품들은 다 싼데요.

B: 맞아요, 점포를 정리하려고 모두 염가 판매를 할 것입니다.

A: 어쩌다가 청산하게 되었지요?

B: 제 생각에는 빚이 누적되면서 갚지 못한 것 같습니다.

A: 정말 안되었네요.

B: 아마 두손 든 모양입니다.

 꼭 알아두세요

여기서 go out of business는 '파산하다, 폐업하다'의 뜻으로 많이 사용되는 표현이다. get rid of는 '제거하다, 없애다'의 뜻이며, stock은 여러 가지 뜻을 가지고 있지만 여기서는 '재고품, 저장품'을 말한다.

## Vocabulary

1. business: *n.* 사업
2. cheap: *adj.* 가격이 저렴한 = inexpensive
3. get rid of: *v.* ~을 제거하다
4. stock: *n.* 재고품, (경제) 주식
5. liquidation: *n.* 청산, 파산
6. over-extended: *adj.* 장기화된
7. repayment: *v.* 갚다

 단어를 이용한 문장 만들기

주어진 내용을 다른 표현으로 바꾸어 본다.


1. Everything is so ____________.
   ◑ 모든 것이 정말 비싸네요.
   ◑ 모든 것이 정말 귀중하네요.
   ◑ 모든 것이 정말 흥미롭군요.
   ◑ 모든 것이 정말 유용하네요.

2. They are trying to get rid of ____________.
   ◑ 그들은 원수들을 없애려고 노력한다.
   ◑ 그들은 낭비를 없애려고 노력한다.
   ◑ 그들은 부정부패를 없애려고 노력한다.
   ◑ 그들은 뇌물을 없애려고 노력한다.


 영어로 말해 보기

A: We are going to move to the country because we are out of business.
B: Really, everything is going to be all right.

# My computer is not booting up!
## 제 컴퓨터가 안 켜져요.

**A:** Hey, check this out. My computer is not booting up.

**B:** Why don't you start it again?

**A:** I've tried that, but it seems like a hardware failure.

**B:** You'll have to take it to the maintenance department.

**A:** I hate it when it comes to taking the computer to the maintenance department.

**B:** I agree with you.

---

A: 이것 좀 봐주세요. 제 컴퓨터가 안 켜져요.

B: 껐다가 다시 켜보세요.

A: 벌써 해봤습니다. 그런데 하드웨어에 문제가 있는 것 같습니다.

B: 고장 수리 센터에 가지고 가야 할 것입니다.

A: 컴퓨터를 고장 수리 센터에 가지고 가야 할 때면 진절머리가 납니다.

B: 동감입니다.

---

### 꼭 알아두세요

여기서 나오는 boot는 '컴퓨터를 다시 켜다, 시작하다' 란 뜻이다. 컴퓨터와 관련된 표현으로 컴맹이라는 표현을 쓰고 싶다면 computer illiterate를 쓰면 된다.

## Vocabulary

1. boot up: *v.* ~을 시작하다  boots: *n.* 장화
2. check: *v.* 확인하다
3. failure: *n.* 실패, 고장, 불이행
4. maintenance: *n.* 지속, 보수
5. department: *n.* 한 부분, 과, 부서

 단어를 이용한 문장 만들기

주어진 내용을 다른 표현으로 바꾸어 본다.

1. My computer is ___________________.
   ◑ 제 컴퓨터가 작동을 안 합니다.
   ◑ 제 컴퓨터는 소음이 심합니다.
   ◑ 제 컴퓨터가 고장났습니다
   ◑ 제 컴퓨터가 이상합니다.

2. Why don't you ______________?
   ◑ 나에게 말을 해봐?
   ◑ 에어컨을 꺼봐?
   ◑ 노크를 해봐?
   ◑ 청혼을 해봐?

회화 영어로 말해 보기

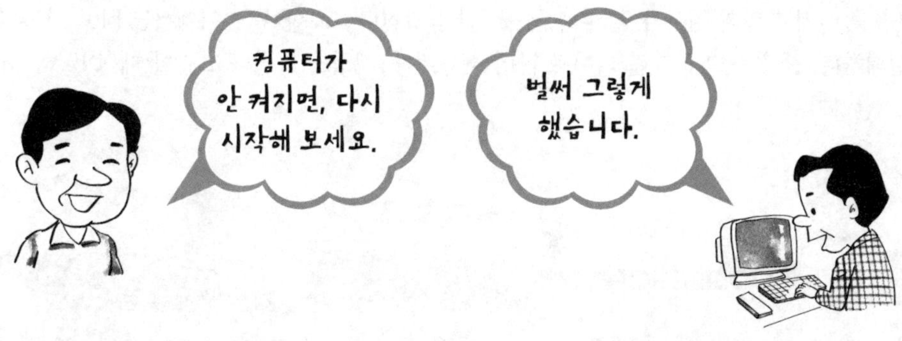


A: Why don't you restart the computer if it is not booting up?
B: I already did, but it won't work.

# LESSON 17

# I blew the interview.
## 인터뷰를 망쳤습니다.

A: How was your interview, Tina?
B: I blew the interview.
A: Again! What happened?
B: I was so nervous so I couldn't think clearly and express myself.
A: Come on, you can do it.
B: Thank you for encouraging me.

A: 티나, 인터뷰 어땠어?
B: 망쳤어.
A: 또! 무슨 일이야?
B: 너무나 긴장되어서 의사 표현을 명확하게 잘 못 했어.
A: 괜찮아, 넌 할 수 있어.
B: 격려해줘서 고마워.

### 꼭 알아두세요

우리는 종종 어떠한 일의 성과가 안 좋을 경우 "일을 망쳤다."고 한다. 영어에서는 blow가 실수하다, 실패하다, 불다, 폭파하다란 의미로 많이 사용된다. 시험을 망쳤다고 말할 때, I blow the test.라고 말하기도 한다.

## Vocabulary

1. blew: *v.* blow의 과거형. 바람이 불다, 입김을 불다 등
2. interview: *v.* 면접하다   *n.* 면접
3. nervous: *adj.* 긴장한, 초조한
4. express: *n.* 표현하다, 의사표시하다
5. encourage: *v.* 용기를 북돋우다

## 영작  단어를 이용한 문장 만들기

주어진 내용을 다른 표현으로 바꾸어 본다.

1. How was your _______________?
   ◑ 소개팅 어땠어?
   ◑ 첫 수업 어땠어?
   ◑ 소풍 어땠어?
   ◑ 출장 어땠어?

2. I blew _______________.
   ◑ 시험을 망쳤어.
   ◑ 파티를 망쳤어.
   ◑ 사업을 망쳤어.
   ◑ 리포트를 망쳤어.

## 회화  영어로 말해 보기

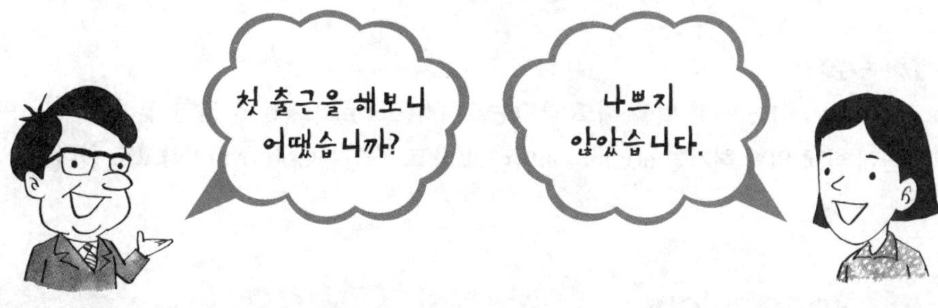


A: How was your first day of work?
B: It was not that bad.

# My boss gave me the green light to start my new project.

## 상관에게서 새 기획안을 시작해도 좋다는 허락을 받았습니다.

**A: Why are you so pleased?**

**B: My boss gave me the green light to start my new project.**

**A: What strategies are you going to implement?**

**B: First of all, I will talk to Julia from logistics, whose worked on this type of project before.**

**A: And then what is the next step?**

**B: I have to think it over.**

A: 무슨 좋은 일이 있었습니까?

B: 상관에게서 새 기획안을 시작해도 좋다는 허락을 받았습니다.

A: 어떤 전략들로 수행하려 합니까?

B: 우선, 이전에 이 프로젝트 분야에 경험이 있는 병참 업무부에 줄리아와 상의하려고 합니다.

A: 그 다음에는요?

B: 세심하게 검토해야죠.

### 꼭 알아두세요

여기서 **the green light**는 어떤 일을 해도 좋다는 '허락(permission)'을 말한다. 허가에도 여러 종류가 있는데 학교 입학 허가는 admission이라고 하고, 승인은 approval이라고도 한다.

## Vocabulary

1. boss: *n.* 상사
2. please: *v.* ~을 기쁘게 하다
   pleased: *a.* 만족스러운
3. strategy: *n.* 전략
4. logistics: *n.* 물류

 단어를 이용한 문장 만들기

주어진 내용을 다른 표현으로 바꾸어 본다.

1. My boss __________ me the green light to start my new project.
   ◖ 상관이 새 프로젝트를 시작해도 좋다고 허락할 것입니다.
   ◖ 상관이 새 프로젝트를 시작해도 좋다는 허락을 하지 않을 것입니다.
   ◖ 상관이 새 프로젝트를 시작해도 좋다고 허락하고 있습니다.
   ◖ 상관이 새 프로젝트를 시작해도 좋다고 허락할지도 모릅니다.

2. You must be ______________.
   ◖ 불만족스럽겠네요.
   ◖ 의심스러우시겠네요.
   ◖ 궁금하시겠네요.
   ◖ 부자이시겠네요.

 영어로 말해 보기

A: Is my boss going to give me the green light to go on a business trip?
B: Of course, why not?

# I have a mile of things to do.
## 할 일이 너무 많아요.

**A: John, let's play a game together this weekend.**
**B: I'm afraid I can't. I have a mile of things to do.**
**A: Do you have anything to do that is urgent?**
**B: Well, I promised to help my mother-in-law move.**
**A: Do you need a hand?**
**B: That would be great. Thanks a lot.**

A: 존, 이번 주말에 같이 게임할까요?
B: 아쉽게도 못 할 것 같아요. 할 일이 너무 많아서요.
A: 무슨 급한 일이라도 있습니까?
B: 장모님이 이사하시는 걸 도와드려야 하거든요.
A: 뭐 좀 도와 줄까요?
B: 고마워요.

### 꼭 알아두세요

I have a mile of things to do.라는 표현을 익혀 보자. 직역하면 해야 할 일의 리스트가 1마일이나 된다는 뜻으로, 할 일이 산더미같이 쌓여 있는 상황을 말한다. 비슷한 표현으로 I have tons of things to do.라고도 할 수 있다. 여기서 I'm afraid I can't.은 '못 할 것 같아요' 라는 뜻으로, I'm afraid of ~는 '~을 두려워 하다' 이고, 여기서의 I'm afraid는 '유감이지만 ~하다' 의 뜻이다. Mother-in-law는 시어머니로서 in-law를 사용해 모든 시댁 식구를 표현할 수 있다. 가령 시동생은 brother-in-law이다.

## Vocabulary

1. mile: *n.* 1,609.3m, 상당한 거리
2. be afraid: *adj.* ~가 우려되다, 걱정되다
3. urgent: *adj.* 다급한

## 영작  단어를 이용한 문장 만들기

주어진 내용을 다른 표현으로 바꾸어 본다.

1. I am afraid ________________.
   ◑ 약속을 못 지킬 것 같아 걱정된다.
   ◑ 시간을 못 지킬 것 같아 걱정된다.
   ◑ 기한을 못 지킬 것 같아 우려된다.
   ◑ 비가 올 것 같아 우려된다.

2. I have a mile of things to ________________.
   ◑ 내일까지 해야 할 일이 많습니다.
   ◑ 가야 할 길이 멉니다.
   ◑ 할 말이 많습니다.
   ◑ 수정해야 할 작업이 많습니다.

## 회화  영어로 말해 보기

A: I will give you a hand whenever you need me.
B: Thank you but I am afraid you have too much work to do.

# Some of the employees work from home.

## 몇몇 직원은 집에서 근무합니다.

**A: Which is the most famous company in your country?**

**B: IBM is the most famous company.**

**A: What are the merits of that company?**

**B: Some of the employees work from home.**

**A: Why do you think working from home is such an advantage?**

**B: It gives the employees the flexibility they need.**

A: 당신의 나라에서 가장 유명한 회사는 어디입니까?

B: IBM이 가장 유명한 회사입니다.

A: 그 회사의 장점은 무엇입니까?

B: 재택 근무를 할 수 있다는 점입니다.

A: 왜 재택 근무가 이익이라고 생각합니까?

B: 직원들이 필요로 하는 융통성을 부여할 수 있기 때문입니다.

### 꼭 알아두세요

'재택 근무를 하다' 라는 표현으로 work from home이라는 표현을 사용할 수 있다. 단, work at home이라고 하지 않고 from을 사용한다는 점에 유의해야 한다. 근무를 나타내는 표현으로는 service, work, business 등 많은 표현이 있다. 시간 외 근무는 overtime work라고 하며, 야간 근무는 night duty 또는 night shift라고 한다.

## Vocabulary

1. merit: *n.* 우수함, 가치
2. famous: *adj.* 유명한
3. employee: *n.* 종업원
4. advantage: *n.* 이익
5. flexibility: *n.* 융통성

주어진 내용을 다른 표현으로 바꾸어 본다.

1. What is the ___________________ in your company?
   ◗ 당신의 나라에서 부자들이 사는 지역은 어디입니까?
   ◗ 당신의 나라에서 가장 아름다운 도시는 어디입니까?
   ◗ 당신의 나라에서 가장 넓은 섬은 어디입니까?
   ◗ 당신의 나라에서 가장 유명한 사찰은 어디입니까?

2. _______ work from home.
   ◗ 우리 모두 집에서 근무합니다.
   ◗ 대부분 집에서 근무합니다.
   ◗ 아무도 집에서 근무하지 않습니다.
   ◗ 우리 중에 한 명만 집에서 근무합니다.

회화 영어로 말해 보기

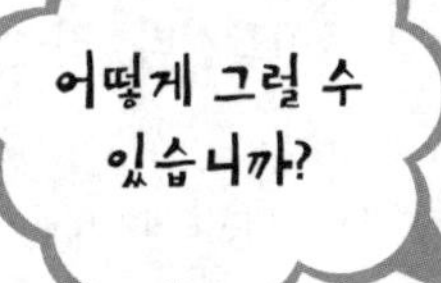

A: Most of American work from home these days.
B: How can that be possible?

# Let's get to it.
## 본격적으로 해봅시다.

**A: It is hard to understand the market trend these days.**

**B: Let's see what's behind it all, and study it for a moment.**

**A: Let's get to it.**

**B: That's a good idea.**

**A: What are some basic principles of market analysis?**

**B: Well, I think it is important to understand competitive companies.**

---

A: 요즘의 시장 추세를 이해하기 어렵습니다.

B: 이면에 무엇이 있는지를 잠시 연구해 봅시다.

A: 본격적으로 해봅시다.

B: 좋은 생각입니다.

A: 시장 분석에 있어 대부분의 기본적 원리들은 무엇입니까?

B: 무엇보다도 경쟁사를 이해하는 것이 중요하다고 생각됩니다.

---

### 꼭 알아둬요

get to에는 '~에 도달하다, 어떤 장소에 도착하다' 라는 뜻도 있으나, Let's get to the main subject.라고 하면 '본론으로 들어갑시다.' 라는 뜻이다. 같은 표현으로 Let's get down to the business.가 있다.

본격적으로 해보자는 의미로 Let's get started (with).를 쓸 수 있다.

## Vocabulary

1. trend: *n.* 동향, 추세
2. behind: *adv.* ~의 뒤에, ~의 이면에
3. principle: *n.* 원리, 원칙
4. analysis: *n.* 분석
5. competitive: *adj.* 경쟁의

## 영작 단어를 이용한 문장 만들기

주어진 내용을 다른 표현으로 바꾸어 본다.

1. It is hard to __________.
   - 이 문장은 번역하기 힘들다.
   - 어르신들과 일하기가 힘듭니다.
   - 친구를 사귀는 일은 힘들다.
   - 외국인과 대화하는 것은 힘들다.

2. Let's see __________.
   - 그것이 무슨 뜻인지 봅시다.
   - 그것을 어떻게 할 수 있는지 봅시다.
   - 어떻게 이 문제를 해결해야 할지 봅시다.
   - 그곳에 어떻게 가야 할지 봅시다.

## 회화 영어로 말해 보기

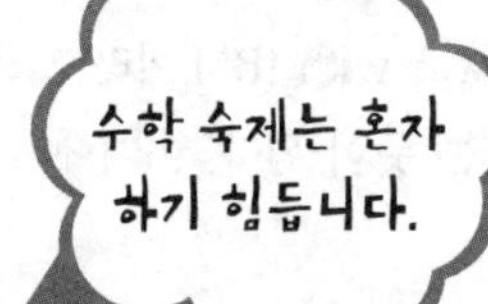

A: It is hard for me to do math homework alone.
B: Let's get to it step by step.

# 22 LESSON

## This company seems to have the upper hand.

## 이 회사가 우위를 점하는 것 같습니다.

A: This company seems to have the upper hand.

B: I think its products are less expensive.

A: How does it manage to remain so competitive?

B: I have heard that they practice using cheaper foreign labor as well as resources.

A: What's the other reason?

B: The quality has also improved.

A: 이 회사가 우위를 점하는 것 같습니다.

B: 제 생각에 제품값이 보다 더 저렴한 것 같습니다.

A: 경쟁력을 갖추기 위한 경영을 어떻게 합니까?

B: 그들은 값싼 외국 노동력 및 외적 자원을 활용합니다.

A: 다른 이유는 무엇입니까?

B: 품질 역시 개선되었습니다.

### 꼭 알아두세요

'유리한 고지를 점령하다. 우위를 점하다' 라는 표현을 할 때는 have the upper hand를 사용한다. Microsoft also has the upper hand in its fierce war with IBM.이라고 하면 마이크로소프트는 IBM과의 격렬한 전쟁에서 우위를 점하게 되었다는 뜻이 된다. 여기에서 fierce war는 격렬한 전쟁, 즉 회사간의 치열한 경쟁을 말한다.

### Vocabulary

1. product: *n.* 제품
2. expensive: *adj.* 가격이 비싼
3. reason: *n.* 이유
4. quality: *n.* 품질
5. improve: *v.* ~을 향상시키다
   improvement: *n.* 향상
6. foreign: *adj.* 외국의
7. labor: *n.* 노동력

## 영작  단어를 이용한 문장 만들기

주어진 내용을 다른 표현으로 바꾸어 본다.

1. ______________ has also improved.
   - 듣기 역시 향상되었다.
   - 말하기 역시 향상되었다.
   - 문법 역시 향상되었다.
   - 작문 역시 향상되었다.

2. This company seems to __________.
   - 이 회사는 이윤을 많이 남기는 것 같습니다.
   - 이 회사는 똑똑한 중역들이 많은 것 같습니다.
   - 이 회사는 꾸준히 발전하는 것 같습니다.
   - 이 회사는 기울고 있는 것 같습니다.

## 회화  영어로 말해 보기

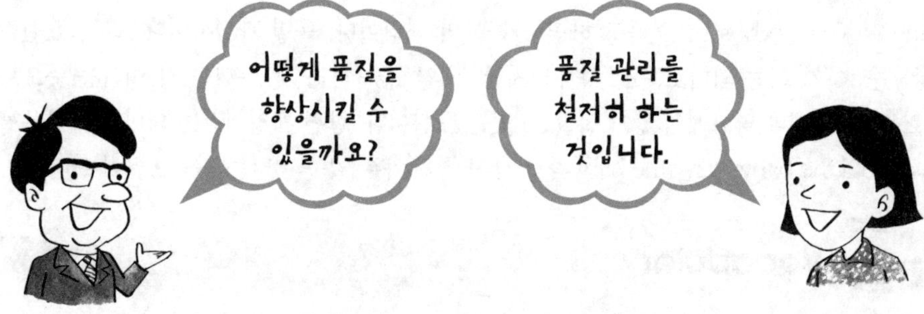


A: How can we improve the quality of our product?
B: We can emphasize on quality control.

# Selling is my baby.
## 판매는 나의 책임입니다.

A: Don't try to sell products to the customers.
B: Selling is my baby. What is my job, then?
A: Your job is to answer the complaints of customers.
B: I thought that the role contained aspects of customer liaison, too?
A: Of course. You have to be very diplomatic in handling complaints.
B: I can see where you are coming from.

A: 고객에게 제품을 팔려고 애쓰지 마십시오.
B: 판매는 제 책임입니다. 그렇다면 저의 역할은 무엇입니까?
A: 당신의 역할은 고객의 불평불만에 답하는 것입니다.
B: 저는 제 역할이 소비자와의 만남까지도 포함된 역할이라고 생각했습니다.
A: 물론이죠. 당신은 소비자의 불만을 처리하는 기교에 매우 능숙해야 합니다.
B: 당신이 어느 부서에서 왔는지 알 것 같습니다.

### 꼭 알아두세요

Something is somebody's baby.라고 하면 '~는 ~의 책임이다, 특별 관심사이다.' 라는 표현이 된다. baby는 '아기' 라는 의미로 주로 사용되지만 '애인, 좋아하는 것, 아끼는 것' 이라는 뜻으로도 많이 쓰이며. 노래나 영화에서 많이 접할 수 있는 표현이다. 한편 책임이라는 의미로도 사용될 수 있는데, hold the baby, carry the baby라고 하면 골치 아픈 일을 떠맡는다는 표현이 된다.

## Vocabulary

1. customer: *n.* 손님, 거래처
2. job: *n.* 일, 해야 할 일
3. complaint: *n.* 불만, 불평
   complain: *v.* 불평하다
4. aspect: *n.* 측면, 양상
5. diplomatic: *adj.* 외교의
6. liaison: *n.* 연락

## 영작  단어를 이용한 문장 만들기

주어진 내용을 다른 표현으로 바꾸어 본다.

1. Don't try to  ______________.
  - 고객을 속이려고 하지 마세요.
  - 자식 위에 군림하려고 하지 마세요.
  - 부모님께 말대꾸하려고 하지 마세요.
  - 남편에게 바가지를 긁으려고 하지 마세요.

2. You have to be very __________ in handling __________.
  - 유리를 취급할 때에는 매우 조심해야 합니다.
  - 음식을 취급할 때에는 매우 위생적이어야 합니다.
  - 우편물을 다룰 때에는 매우 꼼꼼해야 합니다.
  - 실크를 다룰 때에는 매우 조심스럽게 해야 합니다.

## 회화  영어로 말해 보기

A: Don't try to sell products to the minor.
B: Isn't my job selling products?

# LESSON 24

# There's been some monkey business going on here.

## 이 곳에서 계속 무엇인가 협잡이 진행되어 왔습니다.

A: I can't understand what's going on.

B: What's the matter?

A: There's been some monkey business going on here.

B: I want to know what the truth is.

A: Who has been tampering with these figures?

B: I don't know, you will have to ask the people in the purchasing department.

---

A: 무슨 일이 일어나고 있는지 이해할 수 없습니다.

B: 무슨 문제가 있습니까?

A: 이 곳에서 계속 무엇인가 협잡이 진행되어 왔습니다.

B: 저는 진실이 무엇인지 알고 싶습니다.

A: 누가 이렇게 조작하고 있습니까?

B: 잘 모르지만 구매부 사람들에게 물어보아야 할 것 같습니다.

---

### 꼭 알아두세요

'수작, 속임수, 협잡, 불성실한 행위, 장난' 이라는 의미를 나타낼 때 monkey business라는 표현을 사용한다. 본래 monkey는 원숭이를 가리키지만 다른 뜻으로도 많이 사용된다. Have a monkey on one's back이라고 하면 마약(술) 등에 중독되어 있다는 표현이 된다. 한편 make a monkey of라고 하면 make a fool of와 같은 의미로 '~를 조롱하다, 속이다' 의 뜻이 된다.

## Vocabulary

1. department: *n.* 일부, 부서
2. tamper: *v.* 손을 대다, 변조하다
3. figure: *n.* 모양, 계산
4. purchase: *v.* 구매하다

## 영작  단어를 이용한 문장 만들기

주어진 내용을 다른 표현으로 바꾸어 본다.

1. There's been some ______________ going on here.
   - 이 곳에서 계속 무엇인가 비밀 조약이 있어 왔습니다.
   - 이 곳에서 계속 무엇인가 음모가 꾸며져 왔습니다.
   - 이 곳에서 계속 불법 거래가 이루어져 왔습니다.
   - 이 곳에서 계속 로비 활동이 있어 왔습니다.

2. I want to know ___________.
   - 나는 사실이 어떤 것인지 알고 싶습니다.
   - 나는 어떻게 그 곳에 가는지 알고 싶습니다.
   - 나는 그 문제를 어떻게 푸는지 알고 싶습니다.
   - 나는 회의가 언제 시작되는지 알고 싶습니다.

## 회화  영어로 말해 보기

A: I want to know whom you will recommend(=nominate).
B: Is it OK to recommend two persons?

# 25 LESSON

# You have to spell out your thoughts.
## 당신의 생각을 명확히 밝혀야 합니다.

A: What's your opinion?

B: I don't know how to express it very well.

A: That's not a problem, but we need to find some solutions soon.

B: I have trouble capturing my thoughts into words sometimes.

A: You have to spell out your thoughts to contribute more effectively.

B: Give me some more time to think about it.

A: 당신의 의견은 무엇입니까?

B: 저도 잘 모르겠습니다.

A: 그것은 문제가 되지 않지만 우리는 곧 몇 가지 해결방안을 찾아야 합니다

B: 가끔씩 나의 생각들을 말로 전달하는데 어려움이 있습니다.

A: 당신의 생각을 명확히 밝혀야 합니다.

B: 저에게 그것에 대해 생각할 시간을 조금만 더 주십시오.

### 꼭 알아두세요

spell은 '철자를 말하다, 의미하다, 초래하다, 마법, 잠시' 등 많은 뜻을 가지고 있다. spell out이라고 하면 '한 자 한 자 읽다, 의견을 명확히 하다' 라는 표현이 된다. 한편 '명확히 밝히다' 의 다른 표현으로는 articulate을 사용할 수 있다.

## Vocabulary

1. spell: *v.* 철자하다.  *n.* 주문, 마법, 매력
2. express: *v.* 표현하다  expression: *n.* 표현
3. spell out: *v.* ~을 상세히 설명하다
4. contribute: *v.* 기여하다.

 단어를 이용한 문장 만들기

주어진 내용을 다른 표현으로 바꾸어 본다.


1. You have to spell out ___________.
   ◑ 당신의 불만을 분명하게 말해야 합니다.
   ◑ 당신의 의지를 명확하게 밝혀야 합니다.
   ◑ 당신의 역할을 명확히 밝혀야 합니다.
   ◑ 당신이 낼 수 있는 시간을 명확히 밝혀야 합니다.

2. Give me some more time to ___________.
   ◑ 저에게 다시 검토할 시간을 더 주십시오.
   ◑ 저에게 협상할 시간을 더 주십시오.
   ◑ 저에게 결정할 수 있는 시간을 더 주십시오.
   ◑ 저에게 계획할 시간을 더 주십시오.


회화 영어로 말해 보기

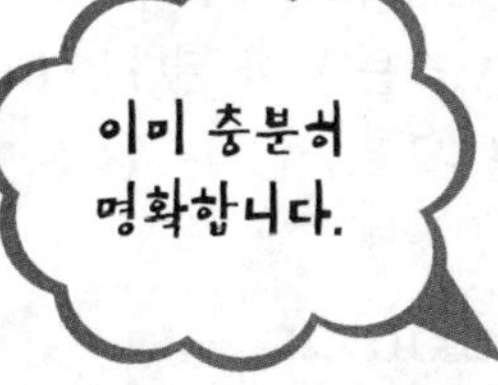

A: How can I ever more spell out my thoughts?
B: That is clear enough.

# 26 LESSON

## They failed to make headway in regard to innovation.
## 그들은 개혁을 추진하는데 실패했습니다.

A: Our company went bankrupt.

B: Why did your company fall into a financial crisis?

A: I think that they had trouble with cash flow and raising capital.

B: Was there any other reason they failed?

A: They failed to make headway in regards to innovation.

B: I agree with you.

---

A: 우리 회사가 파산했습니다.

B: 회사가 왜 재정 위기에 처하게 되었습니까?

A: 현금 유출입(순이익)과 자본 상승에 따른 문제를 가지고 있었습니다.

B: 다른 이유는 없었습니까?

A: 개혁을 추진하는데 실패했습니다.

B: 저도 당신 의견에 동의합니다.

---

### 꼭 알아두세요

headway는 전진, 진보, 진행속도 등의 의미로 사용되며 **make headway against**라고 하면 '~에도 무릅쓰고 전진하다'라는 뜻이 된다. **The ship could make no headway against strong wind.**라고 하면 '강풍 때문에 배는 전진할 수 없었다.'는 뜻이 된다.

### Vocabulary

1. fail: v. 실패하다    failure: n. 실패
2. make headway: v. (~을 무릅쓰고) 전진(진보)하다
3. innovation: n. 도입된 새로운 것, 혁신
4. bankrupt: adj. 파산 선고를 받은
   bankruptcy: n. 파산
5. crisis: n. 위기
6. financial crisis: n. 금융 위기
7. regard to: v. ~에 관해서
8. agree (with): v. ~(와) 동의하다
   agreement: n. 동의

## 영작 단어를 이용한 문장 만들기

주어진 내용을 다른 표현으로 바꾸어 본다.

1. Why did your company ____________________?
   - 왜 회사가 부도 났습니까?
   - 왜 갑자기 회사가 부도 났습니까?
   - 왜 회사가 이전하게 되었습니까?
   - 왜 회사가 바빠졌습니까?

2. They failed to make headway in regard to ____________________.
   - 그들은 신상품 개발 상황을 진전시키는데 실패했습니다.
   - 그들은 가격 경쟁을 촉진시키는데 실패했습니다.
   - 그들은 홍보를 신장시키는데 실패했습니다.
   - 그들은 해외 무역을 촉진시키는데 실패했습니다.

## 회화 영어로 말해 보기

A: What are the employees going to do if your company goes bankrupt?
B: I have no idea for a while.

# 미국의 학기 제도

미국 대학의 학기 제도에 대하여 알아 보자.

고등학교 때 많은 공부를 하고 대학교에서는 공부를 소홀히 하는 우리와 달리, 미국의 학생들은 고등학교 때까지는 스포츠와 여가를 즐기다가도 대학에 일단 진학하면 풍부한 체력을 바탕으로 공부에 열중한다는 사실은 잘 알려진 사실이다. 보통 우리나라 대학의 학제는 2학기 제도로 되어 있고, 학점이 부족한 학생들을 위하여 서머 스쿨이 개설되는 것이 보통이다. 이러한 우리나라의 학기제도는 미국의 학기제도와 매우 유사하다.

미국 대학의 학기 제도는 3학기 또는 4학기 제도로 이루어져 있다. 3학기제는 우리나라의 학제처럼 1년을 크게 2학기로 나눈 다음 여름 학기를 포함하는 제도이고, 4학기제는 1년을 3학기로 나눈 다음 여름 학기를 포함하는 제도이다. 3학기 제도의 학기를 Semester제라고 부르고, 4학기 제도의 학기를 term 또는 quarter제라고 부른다.

Semester제는 보통 9월 초에 가을 학기(Fall semester)가 시작되고, 봄 학기(Spring semester)는 1월 초에 시작하여 5월 중순에 끝나게 된다. 여름 방학 동안의 학기는 semester라 부르지 않고  Summer session이라 부르는데, 보통 Session 1과 Session 2로 나누어져 있다. Summer session 1은 방학 시작 직후 1개월 동안 개강되는 수업이며 Summer session 2는 한달간 방학 후 7, 8월 2개월 동안 이루어지는 학기이다. 한국 학생들과 같은 외국인 유학생들은 학업을 조속히 마치기 위해 여름 학기 동안에도 한두 과목씩 수강하는 경우가 많지만 대부분의 미국 학생들은 여름 방학 동안에는 학교를 떠나 부모님 댁으로 가거나, 다른 일자리 또는 인턴십을 얻어 일을 한다. 그래서 대도시에 위치해 있지 않은 대부분의 미국 대학들의 여름은 대개 한산한 편이다.

일단 Quarter라는 의미는 1/4의 의미를 지닌다. 12개월을 4로 나누면 3개월씩 된다. 보통 미국은 겨울 방학이 짧고 여름 방학이 길다.

Fall  quarter는 9월 중순이나 말에 시작해 12월 중순에 끝난다. 그리고

2~3주 겨울 방학 후 1월 초나 중순에 Winter quarter 가 시작된다. 마찬가지로 10주간 수업을 하고 1주일간 Eater Vacation(부활절)을 가진 후 3월 중순이나 말부터 6월까지 또 다시 Spring quarter 가 시작된다.

Quarter제도는 매우 빨리 수업이 진행되므로 수업에 뒤 처지지 않으려면 많은 노력이 필요하다.

이렇게 Spring quarter가 끝난 후 Summer quarter를 선택할 수 있다. 물론, 미국 학생들 사이에 Summer quarter는 악몽과 같은 것이다. 학점이 안 좋은 학생들은 보강을 해야 하고 유학생들은 시간과 생활비를 절약하기 위해 악착같이 Summer quarter에도 수업을 듣곤 한다.

대개의 한국 유학생들은 여름 방학 동안 한국을 방문하는 경우가 많은데, 혹 유학을 계획하고 있다면 여름 방학 동안에 잠시 공부를 잊고 미국을 여행해볼 수 있는 기회를 가져보길 바란다.

## 사전찾기

1. 학기 : semester, quarter
2. 진학하다 : enter the university
3. 열중하다 : concentrate on
4. 학점 : credit
5. 여가 : vacation
6. 유사하다 : be similar
7. 외국인 유학생 : foreign students
8. 수강하다 : take a course
9. 대도시 : large city
10. 유학하다 : study abroad

# 장애인의 천국, 미국

미국은 "장애인의 천국이다" 라는 말이 있다. 사실 내가 미국 이라는 나라에 처음 갔을 때 받았던 인상 중 가장 감명 깊었던 점은 바로 어디를 가나 볼 수 있는 장애인에 대한 배려, 당당하게 살아가는 장애인들의 모습이었다. 캠퍼스 곳곳에는 물론, 공공시설, 식료품점, 대중 교통수단 등 곳곳에서 장애인들을 위한 세심한 배려를 볼 수 있었다. 이런 이유로 길거리에서나 어디를 가거나 사회활동을 활발히 하면서 당당하게 살아가는 수많은 장애인들이 밝은 미소를 지으며 다니는 모습을 어렵지 않게 볼 수 있었다.

내가 제일 처음 인상 깊게 보았던 것은 바로 대중 교통수단인 버스에서였다. 한번은 버스 정류장에서 버스를 기다리고 있는데 휠체어를 탄 장애인이 맨 앞 줄에 있었다. 나는 '저 사람이 정말 버스를 타려고 그러나?' 하고 무척이나 의아해 하고 있었다. 버스가 도착했다. 버스가 멈춰 서고 승객들이 다 내리자 갑자기 덜컹 소리가 나더니 버스의 차체가 흔들리는 것이었다. 나는 '이게 무슨 일인가?' 하고 주위를 둘러 보다가 상황을 파악하고는 참으로 놀라지 않을 수 없었다. 승차입구가 있는 쪽의 차체가 기울어지더니 출구에서 휠체어가 올라올 수 있도록 평평한 장치가 바닥으로 내려지는 것이었다. 휠체어를 탄 장애인은 어렵지 않게 버스에 탔고, 그 장애인이 차에 타자 앞 좌석에 앉아 있던 사람들이 모두 일어나 의자를 위쪽으로 접어서 장애인을 위한 공간을 마련해 주는 것이었다. '아, 이래서 미국을 장애인의 천국이라고 하는구나' 하고 실감하지 않을 수 없었다.

뿐만 아니라 식료품점, 호텔, 백화점 등의 주차장에 가보면 입구에서 가장 가까운 자리에 장애인 전용 주차 공간이 항상 확보되어 있다. 다른 공간이 차 있어도 장애인이 아닌 사람은 절대로 그 곳에 주차를 하지 않는다. 대충 눈치껏 남몰래 주차해 버리는 그런 현상은 거의 찾아 볼 수 없다. 장애인에 대한 배려가 미국인들 사이에서 당연하게 여겨지기 때문이기도 하지만 사회적으로 그 제재가 엄격하기 때문이다. 만약 정상인이 장애인 전용 주차 공간을 사용하다 적발될 경우에는 무거운 벌금을 물게 되고 심한 경우 재판을 받기도 한다. 이러한 사회적 환경 덕분에 미국의 장애인들은 대중교통을 이용하거나 극장, 운동 경기장, 공연 장 등에서도 최우선의 배려를 받으며, 몸과 마음 어느 한쪽 불편함 없이 생활해 나아갈 수 있는 것이다.

미국에서 생활하는 동안 장애인 자녀를 둔 한국 부모들을 종종 볼 수 있었다. 이러한 부모들은 장애인 자녀들이 좀더 나은 환경 속에서 당당하게 살아갈 수 있게 하기 위해 한국에서의 안정된 삶을 포기하고 미국행을 결심했다고 한다. 우리나라도 최근에는 공공시설, 지하철, 대형 아파트 단지의 주차장 등에서 장애인들을 위한 시설들이 확충되어 가고 있는 것을 볼 수 있다. 앞으로 우리도 장애인에 대한 사회적 배려가 더욱 좋아지기를 바란다.

## 사전찾기

1. 장애인 : disabled person
2. 정류장 : bus stop
3. 대중교통 : public transport
4. 주차 공간 : parking lot
5. 적발하다 : prosecute
6. 제재 : enforcement
7. 벌금 : fine
8. 최우선 : priority

# Unit.3
## AT SCHOOL 학교생활

# At the library : It's due on the 26th of June.
# 도서관에서 : 이 책은 6월 26일에 반납됩니다.

**A: I want to borrow an Economics workbook.**
**B: It's been checked out. It's due on the 26th of June.**
**A: How about an accounting guidebook for beginners?**
**B: Here you are. You can check it out for one week.**
**A: Is there a penalty if I bring it back late?**
**B: It will cost you a dollar per week.**

A: 경제학 책을 대출하고 싶습니다.
B: 그 책은 대출중입니다. 6월 26일에 책이 반납됩니다.
A: 회계학 기초 입문서는 대출할 수 있습니까?
B: 여기 있습니다. 1주일간 대출하실 수 있습니다.
A: 만약 책을 늦게 반납하면 벌금이 있습니까?
B: 주당 1달러를 부과합니다.

### 꼭 알아두세요

도서관에서 책을 대출받을 때 사용하는 표현이다. It's been checked out.이라고 하면 '그 책은 현재 대출중입니다.' 라는 뜻이다. It's due on ~ 은 ~일에 책이 회수된다는 것을 나타낸다. 그리고 지불기일, 만기일을 말할 때는 due date를 쓴다. check it out for ~ 는 '~의 기간 동안 책을 대출할 수 있다.' 를 나타낸다. 반대로 check in 하면 반납한다는 뜻이다.

## Vocabulary

1. due: *adj.* 기한이 된
2. borrow: *v.* (남에게서) 빌리다
3. economics: *n.* 경제학  economy: *n.* 경제
   economical: *adj.* 경제적인
4. workbook: *n.* 수업 자료
5. accounting: *n.* 회계학
6. guide: *n.* 지침
7. penalty: *n.* 벌칙, 벌금

**영작** 단어를 이용한 문장 만들기

주어진 내용을 이용해 다른 표현으로 바꾸어 본다.

1. It's due ____________.
   ● 8월 첫 주까지입니다.
   ● 오전 10시까지입니다.
   ● 5월까지입니다.
   ● 2003년 9월까지입니다.

2. You can check ____________.
   ● 2주일간 대출할 수 있습니다.
   ● 내일 반납할 수 있습니다.
   ● 다음달 첫째 주 월요일까지 반납하십시오.
   ● 오랫동안 대출할 수 있습니다.

**회화** 영어로 말해 보기

A: I would like to check out the US History guidebook for 2 weeks.
B: I am sorry this guide book should be checked in the day after tomorrow.



학교생활

AT SCHOOL

# Economics is not my cup of tea. 나는 경제학에는 관심 없습니다.

A: Sometimes our President's decisions on economics are strange.

B: Economics is not my cup of tea.

A: And, what do you think about foreign policy?

B: Foreign policy is a very important and difficult area.

A: I agree with you, especially in relation to trade.

B: I don't care about politics, either.

A: 가끔 우리나라 대통령의 경제정책은 이해가 안 됩니다.

B: 나는 경제학에는 관심 없습니다.

A: 그러면, 외교정책에 대해서는 어떻게 생각합니까?

B: 외교정책은 매우 중요하고 또 어려운 부분입니다.

A: 특별히 무역과 관련된 것은 당신 의견에 동의합니다.

B: 정치에 대해서도 상관 안 합니다.

### 꼭 알아두세요

Cup of tea를 직역하면 '한 잔의 차' 라는 뜻이지만, '마음에 드는 물건이나 사건' 을 나타낼 때도 쓰이는 표현이다. 같은 표현으로 I'm not interested in Economics.라고도 할 수 있다.

## Vocabulary

1. tea: *n.* (마시는) 차
2. President: *n.* 대통령, (회사의) 사장
3. decision: *n.* 결정
   decide: *v.* 결정하다
4. foreign: *adj.* 외국의
   foreigner: *n.* 외국 사람
5. policy: *n.* 정책
6. relation: *n.* 관계

## 단어를 이용한 문장 만들기

주어진 내용을 이용해 다른 표현으로 바꾸어 본다.


1. ___________ is not my cup of tea.
   - 정치에는 관심이 없습니다.
   - 스캔들에는 관심이 없습니다.
   - 나이트 클럽에는 관심이 없습니다.
   - 철학에는 관심이 없습니다.


2. What do you think about ___________?
   - 금융정책에 대해 어떻게 생각하십니까?
   - 동성연애에 대해 어떻게 생각하십니까?
   - 여자 친구에 대해 어떻게 생각하십니까?
   - 인터넷 채팅에 대해 어떻게 생각하십니까?



## 영어로 말해 보기

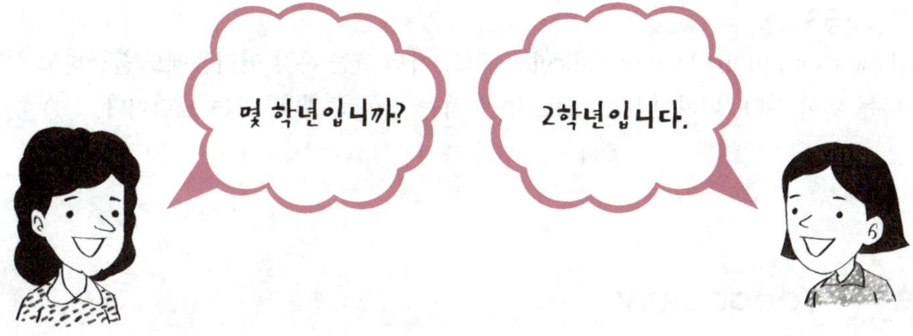


A: What year are you in?(=What grade are you in?)
B: I am a sophomore in college.

# 29 LESSON

# He passed the exam in the face of great difficulty.
## 그는 온갖 어려움에도 불구하고 시험을 통과했습니다.

A: How did he do on his test?

B: He passed the exam in the face of great difficulty.

A: Well, I failed my test.

B: You had better review that section before the next exam.

A: Do you have any suggestions for me on how to study effectively?

B: I think you just need to concentrate more.

A: 그는 시험에서 어떻게 되었습니까?

B: 그는 온갖 어려움에도 불구하고 시험을 통과했습니다.

A: 음, 난 시험에 떨어졌습니다.

B: 다음 시험 전에 다시 한 번 복습하는 것이 좋겠군요.

A: 어떻게 하면 공부를 효과적으로 할 수 있는지 좋은 방법이 있습니까?

B: 좀더 집중해 공부를 해야 할 것 같습니다.

### 꼭 알아두네요

He passed the exam in the face of difficulties.라고 하면 그는 온갖 어려움에도 불구하고 시험을 통과했다는 뜻이 된다. 여기서 had better는 '~하는 편이 좋겠다.' 라는 표현이다. 간혹 미국 사람들이 발음할 때는 **had**를 빼고 말하는 경우가 많아서 **'You better ~'** 로 들리는 경우가 많다. 하지만 실제로는 **'You' d better'** 라고 한다.

## Vocabulary

1. review: *v.* 복습하다
2. section: *n.* 부분
3. exam: *n.* 시험 = examination
4. effectively: *adv.* 효과적으로
5. concentrate: *v.* 열중하다, 집중하다

## 영작 — 단어를 이용한 문장 만들기

주어진 내용을 이용해 다른 표현으로 바꾸어 본다.

1. He _______ in the face of difficulties.
   - 그는 온갖 어려움에도 불구하고 전 과목 A학점을 받았습니다.
   - 그는 온갖 어려움에도 불구하고 미국에 유학갈 것입니다.
   - 그는 온갖 어려움에도 불구하고 그녀와 결혼할 것입니다.
   - 그는 온갖 어려움에도 불구하고 국가고시를 통과했습니다.

2. You had better _____________.
   - 교수님께 솔직히 말씀드리는 것이 좋겠어.
   - 오늘부터 시험 공부를 하는 것이 좋겠어.
   - 아르바이트를 하는 것이 좋겠어.
   - 구체적으로 질문을 하는 것이 좋겠어.

## 회화 — 영어로 말해 보기

A: How was your written driving test?
B: I think I did OK this time.

# LESSON 30

# When will you strike out on your own?
## 당신은 언제 자립할 것입니까?

A: When will you strike out on your own?

B: After I have graduated from University.

A: And then how do you intend to make a living?

B: I intend to get a part time job.

A: What type of job do you have in mind?

B: I was thinking about something in business relations.

A: 당신은 언제 자립할 것입니까?

B: 대학을 졸업한 후에요.

A: 그 때는 어떻게 생계를 유지할 생각입니까?

B: 아르바이트를 할 생각입니다.

A: 어떤 일을 하고 싶으세요?

B: 비즈니스와 관련된 일을 하고 싶어요.

### 꼭 알아두세요

When will you strike out on your own?이라고 하면 '당신은 언제 자립할 것입니까?' 라는 뜻으로, When will you seek to be independent?로도 표현할 수도 있다. I'm on my own.은 단순히 '나는 자립했다' 는 뜻이다. 한편 여기에서 make a living은 '생계를 유지하다' 라는 표현으로 earn a living이라고도 한다. part time job은 full time job에 반대되는 개념으로서 시간당 근무, 즉 아르바이트를 말한다. 참고로 아르바이트(Arbeit)는 일(Work)을 가리키는 독일어이다.

## Vocabulary

1. strike out: *v.* ~을 향해 나아가다
2. graduate: *v.* 졸업하다   graduation: *n.* 졸업
3. university: *n.* 종합 대학교
    college: *n.* 단과 대학
4. intend (to): *v.* ~할 작정이다
5. part time job: *n.* 아르바이트 ≒ full time job
6. relation: *n.* 관계

## 영작  단어를 이용한 문장 만들기

주어진 내용을 이용해 다른 표현으로 바꾸어 본다.

1. I intend to ____________.
   - 정규직을 가질 계획입니다.
   - 졸업 후 바로 결혼할 계획입니다.
   - 대학원에 진학할 계획입니다.
   - 조교를 할 계획입니다.

2. How do you intend to ____________?
   - 아이들 뒷바라지는 어떻게 할 계획입니까?
   - 대학교 학점 관리는 어떻게 할 계획입니까?
   - 등록금은 어떻게 마련할 계획입니까?
   - 교과서를 어떻게 구입할 계획입니까?

## 회화  영어로 말해 보기

A: Have you graduated from university in Seoul?
B: Yes, I finished graduated school in Seoul as well.

# LESSON 31

# I screwed up the exam.
## 시험을 망쳤습니다.

A: You look so tired.
B: I studied all night long for my English exam.
A: How was it?
B: I screwed up the exam.
A: Hey, don't worry, it's not the end of the world.
B: I know, but I feel very disappointed.

A: 피곤해 보이는군.
B: 영어 시험 때문에 밤새워 공부했어.
A: 시험은 어땠는데?
B: 시험을 망쳐 버렸어.
A: 걱정하지마. 세상이 끝이 난 것은 아니잖아.
B: 알아. 하지만 너무 실망스러운 걸.

### 꼭 알아두세요

I screwed up the exam.이라고 하면 '시험을 망쳐 버렸어.' 라는 표현이 된다. screw는 '나사, 나사를 돌리다' 라는 뜻으로 많이 사용되지만 여기에서와 같이 '망치다, 특히 멍청한 행동으로 일을 그르치다' 등의 표현으로도 사용될 수 있다. 같은 표현으로 spoil, ruin, cause to fail 등을 사용할 수 있다. I ruined the exam. 또한 '나는 시험을 망쳤다.' 라는 표현이다.

## Vocabulary

1. screw up: *v.* (속어) 바보짓을 하여 일을 망치다
2. disappoint: *v.* 실망하다

## 영작  단어를 이용한 문장 만들기

주어진 내용을 이용해 다른 표현으로 바꾸어 본다.

1. I __________ all night long.
   - 밤 새워 책을 읽었습니다.
   - 밤 새워 채팅을 했습니다.
   - 밤 새워 여행 계획을 세웠습니다.
   - 밤 새워 술을 마셨습니다.

2. Have you ever __________ all night long?
   - 밤 새도록 춤을 추어본 적이 있습니까?
   - 밤 새워 피아노를 쳐본 적이 있습니까?
   - 밤 새워 공포 영화를 본 적이 있습니까?
   - 밤 새워 공부를 해본 적이 있습니까?

## 회화  영어로 말해 보기

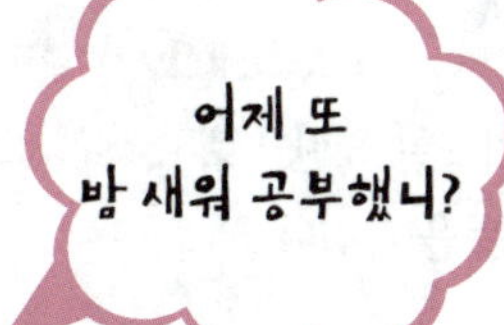

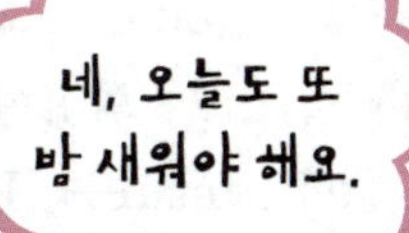

A: Did you study all night long again?
B: Yes, I also have to stay up to study tonight.

# He just touched on the economy in general.

## 일반적인 경제에 대해서만 언급했습니다.

**A: What did he talk about today?**

**B: Nothing in particular, he just touched on the economy in general.**

**A: Anything else?**

**B: Something about civil rights.**

**A: Was it an interesting speech?**

**B: I found it a little dull and mundane.**

A: 그는 오늘 무엇에 대해 얘기를 했습니까?

B: 특별한 것은 없었습니다. 일반적인 경제에 대해서만 언급했습니다.

A: 다른 것은 없었습니까?

B: 인권에 대한 이야기를 조금 했습니다.

A: 흥미로웠습니까?

B: 조금 지루하고 뻔한 이야기였습니다.

### 꼭 알아두세요

touch on 또는 touch upon은 mention 또는 deal with or write briefly의 의미로서 '어떤 문제에 대해 간단하게 언급하다' 또는 '글을 쓰다' 의 표현이다. 비슷한 표현으로 scratch the surface of ~ (수박 겉 핥기)가 있다. scratch는 '긁다', surface는 '표면' 의 뜻을 가진다.

## Vocabulary

1. general: *adj.* 전반적인, 일반적인
2. particular: *adj.* 특별한
3. civil: *adj.* 시민의, 민간인의
4. right: *n.* 권리   *adj.* 옳은, 오른쪽
5. dull: *adj.* 지루한
6. mundane: *adj.* 뻔한, 세속적인

## 영작  단어를 이용한 문장 만들기

주어진 내용을 이용해 다른 표현으로 바꾸어 본다.

1. He just touched on the economy ____________.
   - 그는 경제에 대해 더 언급했다.
   - 그는 특별히 경제에 대해 언급했다.
   - 그는 경제에 대해 대강 언급했다.
   - 그는 다시 한 번 경제에 대해 언급했다.

2. ________________ else?
   - 다른 사람은 없었나요?
   - 누구 없어요?
   - 뭐가 또 없나요?
   - 그 밖에 아무도 없나요?

## 회화  영어로 말해 보기

A: What did you learn in Sociology class today?
B: We learned about Women rights in general.

# 33 LESSON

# You came to the right place.
## 제대로 찾아 오셨습니다.

A: May I help you?

B: I'm looking for the information library.

A: You came to the right place.

B: This university is too big! Thanks a lot. Do you know where I can find the law reference section.

A: It's on the second level with the microfilm collection.

A: 무엇을 도와 드릴까요?

B: 저는 정보 도서관을 찾고 있습니다.

A: 제대로 찾아 오셨습니다.

B: 이 대학교는 규모가 너무 방대하군요. 감사합니다. 법률 참고문헌이 있는 곳을 알려주시겠습니까?

A: 마이크로 필름 모음집이 있는 2층에 있습니다.

### 꼭 알아두세요

You came to the right place.는 바로 '여기입니다 또는 제대로 찾아 오셨습니다.' 라는 표현이 된다. 한편 목적지에 이르지 못하고 길을 잃었을 때, 주제에서 벗어나 횡설수설할 때 be lost를 사용할 수 있다. You must be lost. Get back to the topic.이라고 하면 '횡설수설하고 있군요. 주제로 돌아가서 말씀하세요.' 라는 뜻이 된다.

## Vocabulary

1. library: *n.* 도서관
2. law: *n.* 법학, 법
3. reference: *n.* 참고문헌
4. section: *n.* 부분, 획
5. microfilm: 마이크로 필름
   (도서관에서의 정보 압축 형태)

## 영작　단어를 이용한 문장 만들기

주어진 내용을 이용해 다른 표현으로 바꾸어 본다.


1. I am looking for ________________________.
   ◗ 안내 데스크를 찾고 있습니다.
   ◗ 기숙사를 찾고 있습니다.
   ◗ 공과대학을 찾고 있습니다.
   ◗ 음악대학을 찾고 있습니다.


2. I came ____________.
   ◗ 잘못 왔습니다.
   ◗ 인사하러 왔습니다.
   ◗ 구경하러 왔습니다.
   ◗ 문의하러 왔습니다.


## 회화　영어로 말해 보기

A: Why **were you hanging around** the campus yesterday?
B: I was looking for my wallet at the school cafeteria yesterday.

# LESSON 34

# I'll be burning the midnight oil.
## 밤 늦게까지 공부해야 할 것 같습니다.

A: Did you finish preparing for the final exam?
B: I finished studying for 2 subjects. And then I left mathematics for last.
A: What will you do?
B: I'll be burning the midnight oil.
A: But you will be so tired!
B: I'm afraid that's the consequence for being too lazy!

A: 기말고사 시험 준비는 다 끝냈습니까?
B: 2과목은 끝냈습니다. 그리고 수학이 남았습니다.
A: 무엇을 할 겁니까?
B: 밤 늦게까지 공부해야 할 것 같습니다.
A: 하지만 무척 피곤할 텐데요.
B: 게으름 부리면 이렇게 되지 않을까 걱정됩니다.

### 꼭 알아두세요

옛날에 우리나라에서 호롱불을 사용했던 것처럼 서양에서도 촛불이나 등잔불 등을 사용했기 때문에 이 같은 표현이 생긴 것 같다. 한편 '밤을 새다' 는 sit up all night, stay up all night 등의 표현이 있다.

## Vocabulary

1. burn: *v.* 타다
2. midnight: *n.* 한밤중  *adj.* 한밤중의
3. prepare: *v.* 준비하다
4. final exam: *n.* 기말고사
5. subject: *n.* 과목
6. consequence: *n.* 결과, 결론

주어진 내용을 이용해 다른 표현으로 바꾸어 본다.


1. Did you finish preparing ____________?
   ◑ 가족들 저녁식사 준비는 끝마쳤습니까?
   ◑ 중간 고사 준비는 끝마쳤습니까?
   ◑ 연설문 준비는 끝마쳤습니까?
   ◑ 논문 발표 준비는 끝마쳤습니까?

2. I left ____________ for last.
   ◑ 심리학 개론이 남았습니다.
   ◑ 물리학이 남았습니다.
   ◑ 보건학이 남았습니다.
   ◑ 언어학 개론이 남았습니다.


회화  영어로 말해 보기

A: How have you been preparing for the Chemistry exam?
B: I've been burning the midnight oil to memorize all the formulas.

# 35 LESSON

# Do you think you can make it to a class on time?
## 수업 시간에 맞춰 갈 수 있겠습니까?

A: Why did you come to school so late?

B: I woke up late this morning.

A: Do you think you can make it to a class on time?

B: I don' t think so. I only have five minutes.

A: Would you like a lift in my car?

B: Thank you so much. I would really appreciate it.

A: 당신은 왜 이렇게 학교에 늦게 왔습니까?

B: 오늘 아침에 늦게 일어났습니다.

A: 수업 시간에 맞춰 갈 수 있겠습니까?

B: 안 되겠는데요. 겨우 5분밖에 안 남았어요.

A: 태워 드릴까요?

B: 정말 고맙습니다.

### 꼭 알아두세요

'시간에 맞추다, 시간 맞춰 가다' 라는 표현으로 make it to라는 표현을 사용할 수 있다. make it 이라고 하면 '해내다, 성공하다' 라는 표현으로 주로 사용되며 여기에 to를 붙이면 '시간에 맞추 어 ~에 당도하다' 라는 표현이 된다. 다른 표현으로는 arrive punctually라고 할 수 있다. on time 은 정각에, in time은 '늦지 않게, 시간 안에' 라는 표현이다.

## Vocabulary

1. woke up: *v.* (wake up의 과거) 일어났다

2. appreciate: *v.* 진가를 알다, 고맙게 여기다

## 영작  단어를 이용한 문장 만들기

주어진 내용을 이용해 다른 표현으로 바꾸어 본다.

1. Do you think ______________?
   - 시험을 잘 본 것 같아요?
   - 이번엔 통과할 것 같아요?
   - 유학을 갈 수 있을 것 같아요?
   - 항공편 예약이 가능할 것 같아요?

2. I _________ this morning.
   - 오늘 아침 일찍 일어났습니다.
   - 오늘 아침 식사를 했습니다.
   - 오늘 아침에 은행에 들렀습니다.
   - 오늘 아침에 친구와 운동을 했습니다.

## 회화  영어로 말해 보기

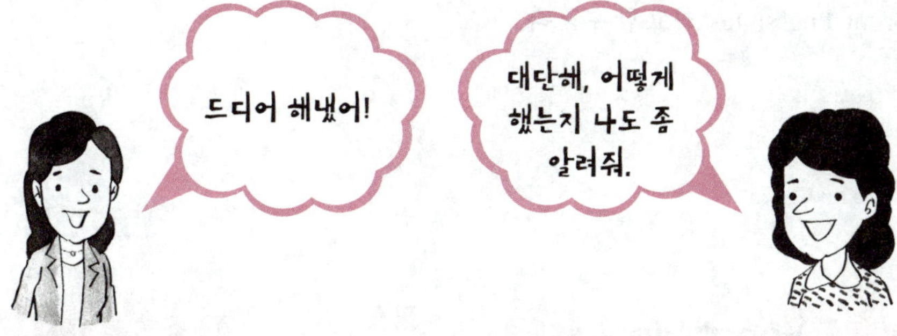


A: Finally, I made it.
B: That sounds great! Let me know how you made it.

# He studies like crazy!
## 그는 꽤 열심히 공부를 합니다.

A: Do you enjoy your high school days?

B: I met a new friend named John at high school.

A: Does he study hard?

B: He studies like crazy!

A: What does he want to do when he graduates?

B: I have heard that he is interested in civil engineering.

A: 당신의 고등학교 생활은 재미있습니까?

B: 저는 고등학교에서 존이라는 새로운 친구를 만났습니다.

A: 그는 열심히 공부를 합니까?

B: 그는 꽤 열심히 공부를 합니다.

A: 학교 졸업 후 그는 무엇을 하길 원합니까?

B: 그는 토목 공학에 관심이 있다고 그러더군요.

### 꼭 알아두세요

study hard 외에 공부를 열심히 한다는 표현으로 applying oneself를 사용해 I start to apply myself for my English test.라고 할 수 있다.

## Vocabulary

1. civil engineering: *n.* 토목 공학

## 영작  단어를 이용한 문장 만들기

주어진 내용을 이용해 다른 표현으로 바꾸어 본다.

1. He ______________ like crazy!
   - 그는 영화배우를 좋아합니다.
   - 그는 베트남 음식을 매우 좋아합니다.
   - 그는 아이들 돌보는 일을 매우 열심히 합니다.
   - 그는 축구 경기를 매우 좋아합니다.

2. I met a new friend named ____________________.
   - 대학교에서 앤이라는 새로운 친구를 만났습니다.
   - 대학원에서 로라라는 새로운 친구를 만났습니다.
   - 교회에서 마이클이라는 새로운 친구를 만났습니다.
   - 서클에서 수잔이라는 새로운 친구를 만났습니다.

## 회화  영어로 말해 보기

A: What do you think your school life would be?
B: I don't know yet, but I will study like crazy!

# I've been studying Chinese for the last six months now.
## 중국어를 배운 지 이제 6개월이 되어 갑니다.

A: I heard that you started to learn Chinese.

B: I've been studying it for the last six months now.

A: Is it interesting?

B: Yes. I love Chinese songs and movies.

A: Do you think it is a very difficult language to learn?

B: Sometimes, but I find the study of language very rewarding.

A: 당신이 중국어를 배우기 시작했다고 들었습니다.

B: 중국어를 배운 지 이제 6개월이 되어 갑니다.

A: 재미있습니까?

B: 네. 저는 중국어 노래와 영화를 좋아합니다.

A: 배우기 매우 어려운 언어라고 생각하십니까?

B: 가끔은요, 하지만 언어를 공부하는 것은 매우 가치 있는 일입니다.

### 꼭 알아두세요

과거부터 현재까지 진행되고 있는 상태를 나타내므로 현재완료진행형의 구문을 사용하고 있다. '교회에 다닌 지 10개월이 되었다.' 라고 하면 I've been going to church for the last ten months now. 라고 한다. '그를 만난 지 3개월이 지났다.' 라고 하면 I've been meeting him for the last three months now.라고 할 수 있다.

## Vocabulary

1. language: *n.* 언어

2. rewarding: *adj.* 가치가 있는, 보람 있는
= worthwhile

 단어를 이용한 문장 만들기

주어진 내용을 이용해 다른 표현으로 바꾸어 본다.


1. I've been ______ for the last six months now.
   - 아르바이트를 한 지 이제 6개월이 되어갑니다.
   - 결혼을 한 지 이제 6개월이 되어갑니다.
   - 대학을 졸업을 한 지 이제 6개월이 되어갑니다.
   - 그녀와 헤어진 지 이제 6개월이 되어갑니다.


2. Is it ___________?
   - 어려운가요?
   - 복잡한가요?
   - 도움이 되나요?
   - 가능한가요?


 영어로 말해 보기

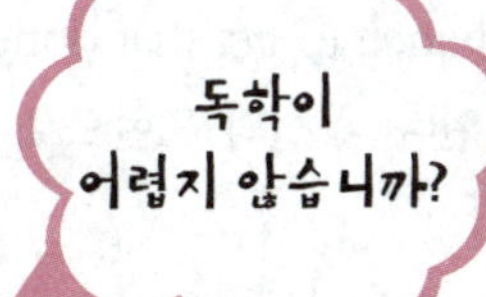

A: Isn't self-education difficult?
B: Yes, it is but worth doing it.(= Yes, it is but rewarding.)

# 38 LESSON

## When do you think it will be possibly done?
## 그게 언제쯤 다 완료될 수 있겠습니까?

A: Did you start to make a plan?

B: I started it last month.

A: When do you think it will be possibly done?

B: I will complete it by the end of June.

A: Can you give me a guarantee?

B: Hey, I gave you my word!

A: 계획서 작성을 시작했습니까?

B: 지난 달부터 시작했습니다.

A: 그게 언제쯤 다 완료될 수 있겠습니까?

B: 6월 말까지 완료할 예정입니다.

A: 약속할 수 있습니까?

B: 이봐요, 내가 장담하지 않았습니까!

### 꼭 알아두세요

여기에서 주의할 사항은 When do you think it will be possible to do? 라고 하면 틀린 표현이 된다는 점이다. When do you think you'll have a chance to get that done? 이라고 하면 '언제쯤 그걸 다 마칠 수 있을 것 같습니까?' 라는 표현이 된다. 확신의 표현으로 I'm positive, you can count on me, I couldn't be more sure 등이 있다.

우리말에 '~면 손에 장을 지진다' 는 I'll eat my hat if~ 로 나타낸다.

## Vocabulary

1. complete: *v.* 완성하다
   completion: *n.* 완성

2. guarantee: *n.* 보증

## 영작 단어를 이용한 문장 만들기

주어진 내용을 이용해 다른 표현으로 바꾸어 본다.

1. I will complete it by ____________.
   - 5월 말까지 끝낼 것입니다.
   - 내년 초까지는 끝낼 것입니다.
   - 이번 달 말까지는 끝낼 것입니다.
   - 내일 오후까지는 끝낼 것입니다.

2. When do you think ____________?
   - 언제쯤 이사 갈 것 같습니까?
   - 언제쯤 돈을 갚을 수 있겠습니까?
   - 언제쯤 모니터를 구입할 수 있겠습니까?
   - 언제쯤 입원할 것 같습니까?

## 회화 영어로 말해 보기

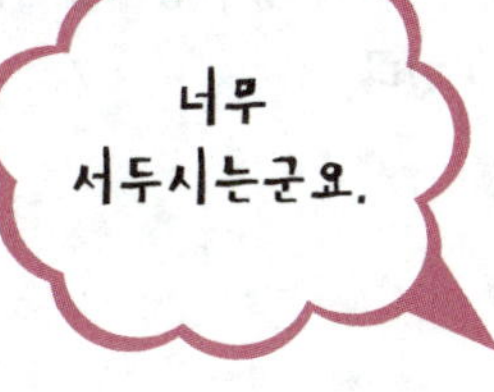

A: You should finish it at least by the end of July.
B: You are too pushing.

# I guess it's cram time.
## 이제부터 벼락치기다.

A: I guess it's cram time.

B: What's the matter?

A: Well, I couldn't study.

B: Big deal!

A: I'll get the caffeine.

B: Let me get some coffee for us.

A: 이제부터 벼락치기다.

B: 무슨 문제라도 있어?

A: 음. 공부를 할 수 없었어.

B: 참 대단도 하다!

A: 카페인 좀 섭취해야겠다.

B: 커피를 좀 가지고 올게.

### 꼭 알아두세요

**cram**은 지하철이나 빈 공간에 많은 사람들을 억지로 채워넣는 것을 뜻하는데, 학교 시험에서는 벼락치기 공부를 의미한다. 벼락치기 공부를 하는 것을 나타내는 또 다른 표현으로는 hit the books, bone up on 등이 있다.

## Vocabulary

1. cram : *v.* (주입식) 공부를 하다, 꽉 채우다
2. caffeine: *n.* 카페인

## 영작  단어를 이용한 문장 만들기

주어진 내용을 이용해 다른 표현으로 바꾸어 본다.

1. I will get ________________.
   - 당신에게 마실 것을 드리겠습니다.
   - 당신에게 학교에 오는 약도를 드리겠습니다.
   - 당신에게 학교 원서를 갖다 주겠습니다.
   - 재미있는 만화책을 갖다 주겠습니다.

2. I guess it's ____________________.
   - 오고 있는 것 같습니다.
   - 진품인 것 같습니다.
   - 일급 비밀인 것 같습니다.
   - 학교 정책인 것 같습니다.

## 회화  영어로 말해 보기

A: I can't find my ticket.
B: Don't worry, the flight doesn't leave for two hours.

# 변호사가 많은 나라, 미국

미국 생활이 소개되는 영화를 보거나 미국에서 살다 온 사람들의 이야기를 들어 보면 미국에서는 많은 사람들이 아주 사소한 문제들조차도 변호사를 통해 처리한다는 것을 알 수 있다. 이렇게 하는 이유는 미국은 법이나 세금 문제에 있어서 비교적 까다로운 나라이기 때문에 대충 대충 일을 처리했다가는 나중에 낭패를 당하게 되는 경우가 많기 때문이다. 예를 들어 미국으로 이민을 가게 되는 경우에도 초기 정착 과정에서 단순히 이웃 사람들의 도움만을 받기보다는 이민 전문 변호사들을 고용하는 경우가 많다. 이 밖에 미국 사람들은 자신의 사후를 대비해 유언장을 작성하거나 다른 사람들과 분쟁에 휘말렸을 때에도 변호사의 도움을 받는 등 생활의 많은 부분에서 변호사의 도움을 받고 있다.

미국에는 우리나라보다 훨씬 많은 수의 변호사들이 활동하고 있다. 우리나라에서는 인구 수만 명당 변호사 1명꼴인데 반해 미국에서는 인구 수백 명당 1명꼴이므로 오히려 변호사들이 고객을 찾아 다녀야 할 정도로 변호사가 많은 나라가 미국이다. 일반적으로 변호사는 lawyer, attorney, counsel 등으로 부르며 변호사 업무를 가리켜 the Bar라고 하는데 He went to the bar. 라고 하면 '그는 변호사가 되었습니다.' 라는 뜻이 된다.

미국에서 변호사 자격을 획득하기 위해서는 Bar Exam이라 불리는 변호사 시험을 통과해야만 한다. Bar Exam은 우리나라의 사법고시처럼 누구나 시험을 볼 수 있는 것이 아니라 일정한 자격을 갖춘 사람만이 응시할 수 있다. 변호사가 되기 위한 가장 일반적인 과정으로서 우리나라의 법과대학에 해당하는 Law School을 졸업한 후 Juris Doctor라 불리는 J.D.학위를 취득하면 Bar Exam을 볼 수 있는 자격이 주어진다. 미국의 법과대학이 우리나라의 법과대학과 다른 점은 학부 과정이 아닌 대학원 과정이라는 점이다.

변호사가 되는 또 다른 과정은 Master of Law라 불리는 LLM 학위를 취득한 후 Bar Exam을 보는 방법이다. LLM은 주로 J.D. 졸업생들이 자신의 관심 분야를 좀더 공부하기 위해 배우는 과정이지만 외국의 법조인이나 법대 졸업생에게도 입학이 허용된다. 이 밖에 Correspondence Law School이라 하여 1년간 온라인 수업 등을 받은 후 Baby Bar Exam이라 불리는 시험을 통과하면 Law School에 편입할 수 있는 제도도 있다. 한편 캘리포니아 등 미국의 일부 주에서는 외국에서 이민 온 사람이라도 자국에서 변호사, 판사, 검사 경력이 있는 사람들의 경우 활동 경력을 심사하여 Bar Exam 응시 자격을 부여하고 있다. 실제로 미국에서 법학을 공부하지 않았더라도 법조인으로 활동한 경력만으로 주 대법원에서 응시 자격을 인정받을 수 있는 것이다.

미국에서도 우리나라와 마찬가지로 변호사가 고소득의 인기 직업이기는 하지만 모든 변호사들이 그러한 혜택을 누리지는 않는다. Bar Exam의 경우 우리나라의 사법고시처럼 극소수의 인원을 선발하는 시험이 아니라 일정한 수준 이상을 요구하는 자격 시험이므로 미국에서는 매년 수많은 변호사들이 배출된다. 따라서 변호사 개개인의 능력에 따라 소득의 격차가 천차만별인 경우가 많다.

## 사전찾기

1. 변호사 : lawyer, attorney, counsel
2. 변호사 업무 : the Bar
3. 대법원 : the Supreme Court
4. 유언장 : will
5. 세금 : tax
6. 이민 : emigrant
7. 이민 전문 변호사 : emigrant special lawyer
8. 고소득 : high incomes
9. 혜택 : benefit
10. 소득의 격차 : difference in incomes

# 미국에서 기차 배낭 여행은 앰트랙(Amtrak)으로

　미국을 방문하는 여행객들에게 도움이 될 만한 기차여행 제도인 앰트랙 패스(Amtrak Pass)에 대하여 알아 보자.

　앰트랙은 우리의 철도청과 같은 철도서비스 회사 이름으로 미국에서 매우 대중화되어 있는 열차 교통 수단이다. 미국에서는 기차보다는 비행기가 훨씬 대중화되어 있기는 하지만, 미국인들도 장거리 여행을 할 때는 앰트랙을 많이 이용한다.

　앰트랙 패스는 여권을 소지한 외국인 여행객에 한해 정해진 구간, 정해진 기간 내에 횟수에 관계 없이 열차를 무제한 이용할 수 있게 하는 정기 여행권으로서 USA Rail Pass라고 부르기도 하는데 저렴한 비용과 안전성 때문에 많은 여행객들에게 매우 인기가 있다. 앰트랙 패스는 출발하기 이틀 정도 전에 예약을 한 후 출발역에서 티켓을 발급받아서 이용해야 하는데, 기차 예약 전화는 1-800-USA-RAIL에서 받게 된다. 다만, 한 가지 주의할 점은 재발행이나 환불이 안 되기 때문에 미리 계획을 세우고 관리를 잘 해야 한다는 점이다. 또한 여행객이라는 것을 증명하기 위하여 신분증을 반드시 제시해야 하기 때문에 여권을 항상 가지고 다녀야 한다. 또 각 기차역을 연결하는 셔틀 버스시설도 잘되어 있으므로 기차를 타고 다닐 때는 이러한 버스들을 이용하면 여행 계획을 짤 때 유용할 수 있다.

　가장 대표적인 앰트랙 패스로는 미국 전 지역을 여행할 수 있는 National Rail Pass와 미국 및 캐나다 전 지역을 여행할 수 있는 북미 대륙 전 지역 패스가 있다. 이러한 Rail Pass는 일반석인 Coach Class로 이용하게 되는데 지역, 기간에 따라 약간의 요금 차이는 있지만 대체로 요금이 매우 저렴한 것이 특징이다.

　또한 지역별로 다양한 Rail Pass들이 있는데 어떤 것들이 있는지 알아보자.
　먼저 서부지역 해안을 여행하고 싶다면 Coastal Rail Pass를 이용하여 샌디에이고, 포틀랜드, LA, 시애틀, 밴쿠버 등을 여행할 수 있다. 서부지역 내부를 여행하고자 할 때는 Far West Rail Pass를 이용하여 덴버, 시애틀, 요세미티 국립공원, 할리우드, 라스베이거스 등을 방문할 수 있다. 중서부 지역을 여행하고자 할 때는 West Rail Pass를 이용할 수 있으며, 이 노선으로 갈 수 있는 곳은 시카고, 뉴올리언스, 그랜드캐니언, 사우스 캐롤라이나, 밀워키, 휴스턴 등이 있다. 북동부 지역을 여행하고자 할 때는 Northeast Rail Pass를 이용해 보스턴, 워싱턴, 버팔로 등 동부지역의 도시들은 물론 유명한 나이애거라 폭포 등을 돌아볼 수 있다. 동부 지역을 여행하고자 할 때는 East Rail Pass를 통하여 동부지역의 오래된 도시들인 디트로이트, 클리블랜드, 피츠버그, 멤피스, 애틀랜타, 시카고 등을 돌아볼 수 있으며, 동부에서도 해안가를 중심으로 여행하고자 할 때에는 앰트랙 패스를 통해 마이애미, 워싱턴, 뉴욕, 보스턴, 필라델피아 등을 여행할 수 있다.

이처럼 앰트랙 패스는 유럽의 유레일 패스와 마찬가지로 미국을 저렴하고 알차게 여행할 수 있는 안전하고 편리한 여행 수단이다. 미국 여행을 계획하고 있다면 앰트랙 패스를 이용하여 기차 여행을 해보는 것도 좋은 기회가 될 수 있을 것이다.

## 사전찾기

1. 미국 기차여행 제도 : Amtrak Pass
2. 배낭 여행 : backpack travel
3. 기차 요금 : fare
4. 신분증 : identity certification
5. 대중화 : become popular
6. 장거리 여행 : long distance travel
7. 유용한 : useful
8. 예약 : reservation
9. 여권 : passport
10. 무제한 이용 : unlimited use

# Unit.4
# RELATIONSHIPS

인간관계

# He's finally going to tie the knot.
## 그가 드디어 결혼을 할 것입니다.

A: I'm so happy to hear that John's finally going to tie the knot.

B: So am I. I've been worrying that he might not ever get married.

A: So who is his beautiful bride?

B: I haven't met her before, but I heard she is from Busan.

A: Busan is such a nice place.

B: Have you ever been to Busan?

A: 존이 드디어 결혼을 한다는 소식을 들으니 너무 기쁩니다.

B: 저도요. 혹시 그가 영원히 결혼하지 않을까봐 걱정했었습니다.

A: 그럼 누가 그의 아름다운 신부이죠?

B: 저도 만나본 적은 없지만 부산사람이라고 하던데요.

A: 부산은 멋진 곳이죠.

B: 부산에 가보신 적이 있습니까?

### 꼭 알아두세요

knot은 '매듭', '(속도의 단위) 노트' 를 의미하는 단어이다. tie the knot은 직역하면 매듭을 짓다가 되지만 '결합하다, 결혼하다' 의 뜻으로 get marry 대신 많이 쓰인다. 물론 retie 하면 '재혼' 이라는 뜻이 된다.

 **Vocabulary**

1. knot: *v.* 매듭을 짓다  *n.* 매듭

2. bride: *n.* 신부

## 영작  단어를 이용한 문장 만들기

주어진 내용을 이용해 다른 표현으로 바꾸어 본다.

1. I am so happy to hear that ______________.
   - 그가 자동차를 샀다는 소식을 들으니 정말 기쁩니다.
   - 그가 재혼한다는 소식을 들으니 정말 기쁩니다.
   - 그녀가 미국에서 다시 돌아왔다는 소식을 들으니 정말 기쁩니다.
   - 모두가 시험에서 통과했다는 소식을 들으니 정말 기쁩니다.

2. So ________________.
   - 나도 했어요.
   - 그도 그렇다.
   - 그들도 그랬다.
   - 그녀도 그렇게 한다.

## 회화  영어로 말해 보기

A: I've been worried that he might get hurt.
B: Don't worry, They are going to get married soon.

# Let's get to know each other.
## 우리 알고 지냅시다.

A: Let's get to know each other.
B: OK, I'm Tina from Orlando.
A: I'm Justin from New York City.
B: It's great to meet a fellow American!
A: I know someone who came from Orlando as well.
B: Great!

A : 우리 알고 지냅시다.
B : 좋지요, 전 올랜도에서 온 '티나' 라고 합니다.
A : 저는 뉴욕시에서 온 저스틴입니다.
B : 미국인을 만나게 돼서 정말 반갑군요.
A : 제가 아는 사람도 역시 올랜도 출신입니다.
B : 굉장한데요!

### 꼭 알아두세요

사교모임은 크게 두 가지로 분류된다. 형식을 매우 중요시하는 공식 모임과 편한 마음으로 대할 수 있는 비공식 모임이 그것이다. 위에 Let's get to know each other.는 주로 비공식 모임에서 쓸 수 있는 자연스런 표현이다.

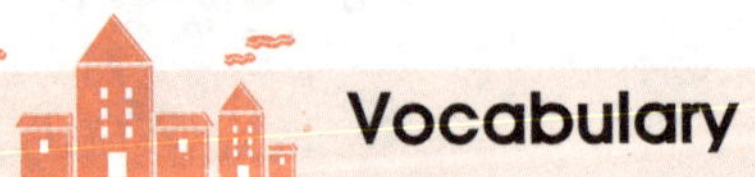 **Vocabulary**

1. fellow: *n.* 녀석, 친구

## 영작  단어를 이용한 문장 만들기

주어진 내용을 이용해 다른 표현으로 바꾸어 본다.


1. Let's ___________.
   - 사이 좋게 지냅시다.
   - 축구 시합 합시다.
   - 약속 날짜를 미룹시다.
   - 카드놀이를 합시다.


2.  Do you know _______ over there?
   - 저 남자가 누군지 아세요?
   - 저기 있는 그가 뭘 하는지 아세요?
   - 저기 있는 그가 어디 출신인지 아세요?
   - 저기 있는 그에 대해서 아는 것이 있어요?


## 회화  영어로 말해 보기

A: Who typed this report?
B: Mr. Kim did, I believe. Why do you ask?

# He was looking at me with bleary eyes.
## 그가 게슴츠레한 눈으로 나를 바라보고 있었습니다.

A: He was looking at me with bleary eyes.

B: Why don't you go over and talk to him?

A: I get too nervous when I talk to new people.

B: You have to be more confident, that attitude won't get you anywhere.

A: I understand what you are saying but ….

B: Please, no excuses.

A: 그가 게슴츠레한 눈으로 나를 바라보고 있었습니다.

B: 그에게 가서 한번 이야기 해보지 그래?

A: 저는 낯선 사람들에게 말을 걸 때면 신경이 예민해지거든요.

B: 그런 태도는 당신에게 이롭지 않아요. 좀더 자신감을 가져요.

A: 무슨 말인지는 알 것 같은데….

B: 봐주세요.

### 🥕 꼭 알아두세요

누군가가 자기를 기분 나쁜 시선으로 쳐다 볼 때 쓸 수 있다. 이와 비슷한 표현으로 He is giving me the look. 또는 He's giving me the greedy look. 등이 있다.

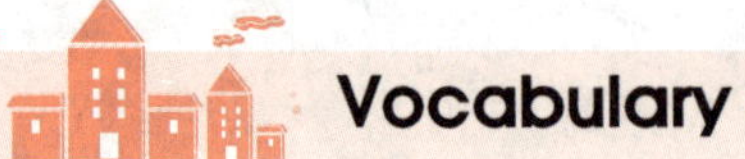
## Vocabulary

1. bleary: *a.* 흐릿한
2. nervous : *a.* 신경성의
3. confident: *adj.* 확신 있는
4. attitude: *n.* 태도, 자세

## 영작 단어를 이용한 문장 만들기

주어진 내용을 이용해 다른 표현으로 바꾸어 본다.

1. He was looking at me with ________________.
   - 그는 나를 사랑스러운 눈으로 쳐다 보았다.
   - 그는 나를 의심 섞인 눈으로 쳐다 보았다.
   - 그는 나를 부드러운 눈으로 쳐다 보았다.
   - 그는 나를 날카로운 눈으로 쳐다 보았다.

2. She is ___________________ .
   - 그녀는 까다로운 사람이다.
   - 그녀는 자만심이 강해요.
   - 그녀는 사귀기가 힘들어요.
   - 그는 아첨꾼이에요.

## 회화 영어로 말해 보기

A: It' s after six. Where have you been? I' ve been so worried!
B: I was at the doctor' s office, remember?

# That sounds like a match made in heaven.
## 천생연분 같습니다.

**A: Where did you meet your wife?**

**B: I met her when I had a car accident. She was the nurse who treated me. We ended up falling in love.**

**A: Sounds like a match made in heaven.**

**B: Yes, I feel very lucky that fate bought us together.**

**A: I am glad that you found happiness.**

**B: You will be able to find Mr. Right like I did, too.**

A: 부인을 어디서 만나셨습니까?

B: 제가 차 사고났을 때 만났습니다. 저를 치료해주던 담당 간호사였거든요. 결국 우린 사랑에 빠졌습니다.

A: 천생연분 같습니다.

B: 그럼요, 운명이 우리를 함께 있게 해주었기 때문에 나는 행운이라고 느낍니다.

A: 당신이 행복해 하니 전 정말 기뻐요.

B: 저처럼 당신도 당신의 짝을 찾을 수 있을 것입니다.

### 꼭 알아두세요

여기서 천생연분을 표현할 때, A match made in heaven.이라고 한다. 그리고 사랑에 빠졌다고 말할 때 "I fall in love."를 쓴다.

Mr. Right 또는 Miss Right, Prince Charming 등은 천생배필을 뜻한다.

## Vocabulary

1. heaven: *a.* 하늘, 천국

2. treat: *v.* 치료하다  treatment: *n.* 치료

3. fate: *n.* 운명

## 영작 단어를 이용한 문장 만들기

주어진 내용을 이용해 다른 표현으로 바꾸어 본다.

1. She was the nurse who __________.
   - 그녀가 제 팔에 주사를 놓은 간호사였습니다.
   - 그녀가 제 목숨을 건져 준 간호사였습니다.
   - 그녀가 제 아버지를 돌보아 준 간호사였습니다.
   - 그녀가 저를 담당하는 간호사입니다.

2. What does your __________________ do?
   - 부인은 무슨 일을 합니까?
   - 당신의 아버지는 무슨 일을 하십니까?
   - 당신의 친구들은 무슨 일을 합니까?
   - 막내 아들은 무슨 일을 합니까?

## 회화 영어로 말해 보기

A: That's a nice suit. You look good in blue.
B: Thank you. It's one of my favorites.

# He always plays up to the boss.
## 그는 항상 사장을 칭찬하면서 아부하려고 합니다.

**A: Why do you hate him?**

**B: He always plays up to the boss.**

**A: Oh, really?**

**B: Yeah, he tries to flatter the boss with compliments.**

**A: Do you think it works with the boss?**

**B: No, I have heard that the boss finds him irritating.**

A: 왜 그 사람을 싫어합니까?

B: 그는 항상 사장에게 아첨을 합니다.

A: 아 정말입니까?

B: 네, 그는 항상 사장을 칭찬하면서 아부하려고 합니다.

A: 사장한테 그게 통할 것 같아요?

B: 아니오, 사장이 그에게 염증을 느낀다고 그러더군요.

### 꼭 알아두세요

여기에서 **play up**이라고 하면 '최선을 다하다, 분투하다' 등의 의미로 사용될 수 있으며, **play up to**는 '~에게 아첨하다 또는 ~를 지지하다'의 의미를 갖게 된다. 한편 예문의 **flatter someone with something** 또한 '~에게 ~을 가지고 아첨하다'의 의미를 갖는다.

 **Vocabulary**

1. flatter: *v.* 아첨하다
2. compliment: *n.* 칭찬, 찬사
3. irritating: *adj.* 귀찮은, 화나게 하는

## 영작  단어를 이용한 문장 만들기

주어진 내용을 이용해 다른 표현으로 바꾸어 본다.

1. Do you think ______________?
   - 좋은 생각 같나요?
   - 이 옷이 저에게 잘 어울리는 것 같습니까?
   - 한국이 우승을 할 것 같습니까?
   - 상사가 제게 동의할 것 같습니까?

2. He finds him ______________.
   - 그는 그에게 싫증을 느낀다.
   - 그는 그에게 호감을 느낀다.
   - 그는 그에게 흥미를 느낀다.
   - 그는 그가 책임감이 있음을 느낀다.

## 회화  영어로 말해 보기

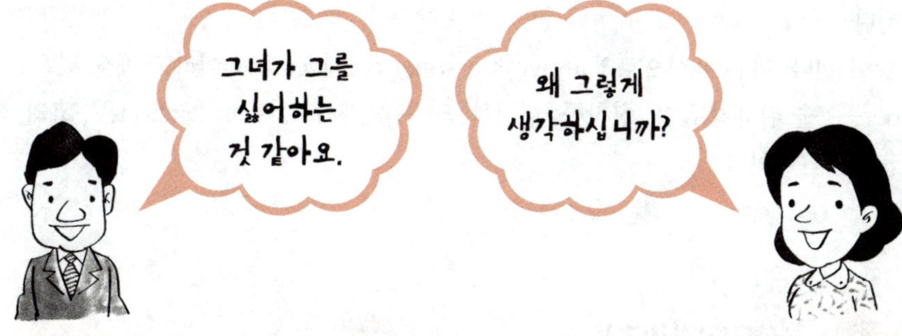


A: I guess she dislikes him. (= She doesn' t like him.)
B: What gives you that idea?

# I'll sleep on it.
## 시간을 가지고 하루 생각해 보겠습니다.

A: What is your conclusion?
B: I'll sleep on it.
A: You'd better hurry up.
B: I'll think about it twice.
A: Why has it taken you so long to decide?
B: Because it is such an important decision.

A: 당신의 결론은 무엇인가요?
B: 시간을 가지고 하루 생각해 보겠습니다.
A: 서두르는 게 좋을 거에요.
B: 하지만 신중하게 생각해 볼 예정입니다.
A: 결론을 내리는데 왜 그리 시간이 걸리죠?
B: 그것은 대단히 중요한 결정이기 때문이죠.

### 꼭 알아두세요

I'll sleep on it.이라고 하면 잠 잔다는 의미가 아니고, '시간을 가지고 하루 생각해 보겠다.' 라는 뜻이 된다. Think twice 또한 직역하면 두 번 생각하다이므로 '신중하게 생각하다, 재고하다' 라는 뜻이 된다. 다른 표현으로 I'll give it a sober consideration.이라고 해도 같은 의미가 된다. sober는 '술 취하지 않은, 침착한, 냉정한' 의 뜻을 가지고, consideration은 '고려, 숙고' 의 의미를 가진 단어이다.

## Vocabulary

1. conclusion: *n.* 결말
   conclude: *v.* 결말을 짓다

2. twice: *adv.* 두 번

## 영작 — 단어를 이용한 문장 만들기

주어진 내용을 이용해 다른 표현으로 바꾸어 본다.

1. I don't like majoring in _______.
   - 수학을 전공하고 싶지 않아.
   - 경제학을 전공하고 싶지 않아.
   - 물리학을 전공하고 싶지 않아.
   - 회계학을 전공하고 싶지 않아.

2. What do you think about ________?
   - 그의 계획에 대해 어떻게 생각합니까?
   - 그의 연설에 대해 어떻게 생각합니까?
   - 그녀의 성실성에 대해 어떻게 생각합니까?
   - 그의 결정에 대해 어떻게 생각합니까?

## 회화 — 영어로 말해 보기

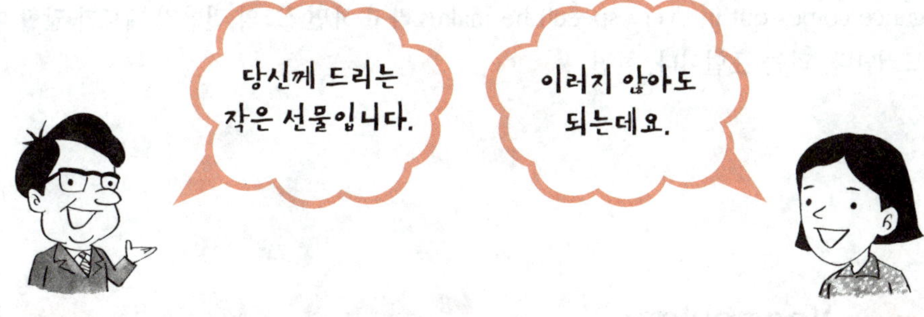


A: This is a small present for you.
B: You shouldn't have done this.

# It's written all over your face.
## 얼굴에 그렇게 씌여 있습니다.

**A: You must be angry. It's written all over your face.**

**B: I just thought of another point. I just feel very angry with the situation that has developed.**

**A: You have to speak your feelings.**

**B: I don't like telling anyone what to do, because that's not part of my nature.**

**A: I'll never forget that as long as I live.**

A: 화가 나셨군요. 얼굴에 그렇게 씌여 있습니다.
B: 난 단지 다른 것을 생각했습니다. 난 단지 전개된 그 상황에 대해 매우 화가 날 뿐입니다.
A: 당신은 감정을 표현해야 합니다.
B: 난 누구한테 이것 해라 저것 해라 못 합니다. 제 성격이 원래 그렇습니다.
A: 그 말 평생 잊지 않겠습니다.

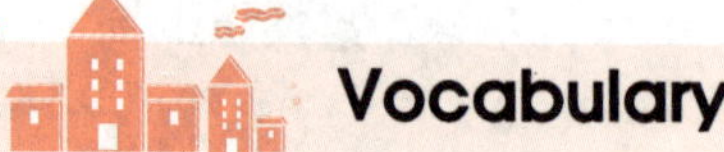

### 꼭 알아두세요

His arrogance comes out in every speech he makes.라고 하면 '그의 건방진 태도가 말할 때마다 잘 드러난다.' 라는 표현이다. 한편, **nature**는 '자연' 이라는 뜻 이외에 '본성, 성격, 특성' 의 의미가 있다.

## Vocabulary

1. nature: *n.* 성질, 본성
   natural: *adj.* 자연의

2. forget: *v.* 잊어버리다
   forgetful: *adj.* 잊어버리기 쉬운

## 영작 단어를 이용한 문장 만들기

주어진 내용을 이용해 다른 표현으로 바꾸어 본다.

1. What _______________?
   - 무슨 일 있니?
   - 오늘 밤에는 무엇을 하세요?
   - 내일은 무엇을 할 작정 입니까?
   - 내일 계획은 어떻게 됩니까?

2. When _______________?
   - 언제 시간이 될까요?
   - 언제 시간이 있습니까?
   - 언제가 더 좋습니까?
   - 언제 시간이 비십니까?

## 회화 영어로 말해 보기

A: I have a big test tomorrow. I am so nervous.
B: Don't worry. You'll do fine.

# Don't get me wrong.
## 제 말을 오해하지 마세요.

A: Did you hear that Mr. John was fired for taking part in the strike?

B: Yes, I did. However, I think he should be rehired.

A: Do you think his behavior was right, then?

B: Don't get me wrong. He was just a follower.

A: He should have been more mature to get involved.

B: I agree, but I suppose that he is entitled to his opinion.

---

A: 존이 파업에 참가했다는 이유로 해고됐다는 소식 들으셨습니까?

B: 네, 하지만 저는 그가 복직되어야 한다고 생각합니다.

A: 그럼, 당신은 그의 행동이 옳았다고 생각하십니까?

B: 제 말을 오해하지 마세요. 그는 단순히 추종자에 불과했거든요.

A: 그는 참여하는데 있어서 좀더 신중해야 했습니다.

B: 동의합니다만, 난 그가 자신의 의견을 내놓을 만하다고 생각합니다.

---

### 꼭 알아두세요

get이라는 동사는 많은 의미를 가지는 주요한 동사인데 get someone wrong은 '오해하다' 의 뜻이다. fire는 여러 뜻이 있지만 여기서는 '해고하다' 의미로 쓰였고, take part in~ 은 '~에 참가하다' 의 의미이다.

## Vocabulary

1. fire: *v.* 해고하다
2. strike: *v.* 파업하다
3. follower: *n.* 지지자   follow: *v.* 따르다
4. rehire: *v.* 재고용하다
5. behavior: *n.* 행동, 행위
6. mature: *adj.* 성숙한, 익은
7. entitled to: *v.* ~하는 자격이 주어지다
8. suppose: *v.* 가정하다. 생각하다

## 영작　단어를 이용한 문장 만들기

주어진 내용을 이용해 다른 표현으로 바꾸어 본다.

1. What _________________ ?
   - 그녀는 어떤 사람입니까?
   - 그녀는 어떤 일을 합니까?
   - 그녀에 대해 무엇을 압니까?
   - 그녀가 어떤 사람이라고 말하겠습니까?

2. He is _________________.
   - 그는 지적인 사람입니다.
   - 그는 유능한 사람입니다.
   - 그는 재능이 있는 사람입니다.
   - 그는 당신보다도 더 똑똑합니다.

## 회화　영어로 말해 보기

A: You are always willing to help a person out.
B: I am just doing what anybody would do.

# Do you know whom I bumped into yesterday?

## 어제 내가 우연히 누구와 마주쳤는지 아세요?

A: Do you know whom I bumped into yesterday?

B: Where had you been?

A: I met John at the library.

B: I know that John always studys hard.

A: I think he must be a very determined person.

B: Yes, he is focused upon his goals and works hard to achieve them.

A: 어제 내가 우연히 누구와 마주쳤는지 아세요?

B: 어디에 갔었는데요?

A: 도서관에서 존을 만났어요.

B: 내가 알기로 존은 항상 열심히 공부해요.

A: 그는 매우 의지가 강한 사람이라고 생각합니다.

B: 네, 그는 자신의 목표에 열중하고 그것들을 성취하기 위해 열심히 노력합니다.

### 꼭 알아두세요

bump는 원래 '쾅 하고 부딪치다, 충돌하다' 라는 의미로 보통 사용되지만, bump into라고 하면 '~를 (오랜만에) 우연히 만나다' 라는 의미이다. I bumped into an old friend.라고 하면 옛 친구를 우연히 만났다는 뜻이 된다. 비슷한 표현으로 come across[(사람, 물건을) 우연히 만나다, 발견하다]를 사용할 수 있다. bump와 관련된 표현으로, bumper는 자동차 앞뒤의 완충장치인 범퍼를 말하며, bumper to bumper는 '차가 줄지어 서 있는' 의 뜻이다. The cars in the street are bumper to bumper.는 '자동차들이 줄지어 서 있다.' 는 뜻이다.

## Vocabulary

1. bump into: *v.* 오랜만에 마주치다

## 영작 단어를 이용한 문장 만들기

주어진 내용을 이용해 다른 표현으로 바꾸어 본다.

1. That _______ looks good on you.
   - 그 목걸이가 참 잘 어울린다.
   - 그 넥타이가 참 잘 어울린다.
   - 그 머리띠가 참 잘 어울린다.
   - 그 립스틱이 참 잘 어울린다.

2. Do you know whom _______________ yesterday?
   - 제가 어제 누구와 상담한 지 아세요?
   - 한국이 어제 어느 나라와 시합을 했는지 아세요?
   - 그녀가 어제 누구와 여행을 갔는지 아세요?
   - 그가 어제 누구와 결혼했는지 아세요?

## 회화 영어로 말해 보기

A: I have something I like to talk about with you.
B: What is it?

# She is after your money.
## 그녀는 당신의 돈 때문에 따릅니다.

A: I'm going to marry Tina. She is so gorgeous.

B: Hey, wake up! Have you forgotten why she dumped her ex-boy friend?

A: Well, she left him when his business went bankrupt.

B: And you're not exactly poor. In fact, I'm sure she is just after your money.

A: That is a horrible and unfair thing to say.

B: Sometimes you have to be cruel to be kind.

A: 나 티나하고 결혼할거야. 그녀는 정말 매력적이거든.

B: 정신 차려. 그녀가 지난번 남자친구를 헌신짝처럼 차버리는 것 못 봤어?

A: 글쎄, 남자친구의 사업이 파산하자 그를 떠났지 아마.

B: 그리고 네가 돈이 없는 것도 아니잖아. 사실, 내 생각엔 그녀가 돈 때문에 너를 따라다니는 것 같아.

A: 그건 끔찍하고 말도 안 되는 소리야.

B: 가끔은 냉정해야 해.

### 꼭 알아두세요

여기서 wake up은 잠을 깨라가 아니고, '정신차려라.' 의 뜻이다. 여기서 말하는 **dump**는 바보가 아닌 '내버리다, (무책임하게) 버리다' 란 뜻으로 남자를 버렸다는 의미이다. 마지막으로 be after는 '~을 추구하다, ~을 찾다' 는 뜻이다.

## Vocabulary

1. gorgeous: *adj.* 멋진, 화사한
2. bankrupt: *n.* 파산자  *adj.* 파산선고받은
3. exactly: *adv.* 정확하게, 엄밀하게
   exact: *adj.* 정확한

## 영작 단어를 이용한 문장 만들기

주어진 내용을 이용해 다른 표현으로 바꾸어 본다.

1. I'm going to ________________.
   - 난 귀를 뚫을거야.
   - 난 점을 뺄거에요.
   - 서둘러 그 일을 해치워야겠다.
   - 난 당신을 고소할거에요.

2. She is after your __________.
   - 그는 당신의 권력을 보고 따릅니다
   - 그녀는 당신의 친절에 따릅니다.
   - 그녀는 당신의 정직함을 보고 따릅니다.
   - 그는 당신의 믿음을 보고 따릅니다.

## 회화 영어로 말해 보기

A: I'm sorry you did not come yesterday.
B: What happened? I waited for 20 minutes outside the building.

# We have nothing in common with each other.
## 우리는 서로 공통점이 너무나 없습니다.

A: We have nothing in common with each other.

B: What's the matter with you?

A: I can't understand your way of living.

B: Please explain to me in more detail.

A: I think you are lazy, inconsiderate, and very messy.

B: Well, if you had said something, I would have tried to change.

A: 우리는 서로 공통점이 너무나 없습니다.

B: 무슨 문제가 있습니까?

A: 난 당신의 삶의 방식을 이해할 수가 없습니다.

B: 저에게 좀더 자세히 설명을 해주세요.

A: 당신은 게으르고 지각이 없고 그리고 매우 지저분한 것 같습니다.

B: 글쎄, 진작 말했으면 바꾸려고 노력했을 텐데요.

### 🥕 꼭 알아두세요

어떤 사람이 싫다는 표현을 I hate you so much.라고 직접적으로 말할 수도 있겠지만, 보다 완곡한 표현으로 We have nothing in common with each other.을 사용할 수도 있다. 영어를 사용할 때에는 노골적인 표현보다는 이와 같이 완곡하게 우회해서 표현하는 방법을 사용하는 요령도 필요하다. '자세히 설명하다' 는 in detail을 사용한다.

## Vocabulary

1. common: *adj.* 공통의

2. detail: *n.* 세부

3. inconsiderate: *adj.* 배려심 없는

4. messy: *adj.* 난잡한, 지저분한

## 영작  단어를 이용한 문장 만들기

주어진 내용을 이용해 다른 표현으로 바꾸어 본다.

1. I can't understand your __________ .
   - 나는 당신의 의견을 이해할 수 없습니다.
   - 나는 당신의 성격을 이해할 수 없습니다.
   - 나는 당신의 변덕을 이해할 수 없습니다.
   - 나는 당신의 라이프스타일을 이해할 수 없습니다.

2. I think you are __________ .
   - 나는 당신이 예쁘다고 생각합니다.
   - 나는 당신이 귀엽다고 생각합니다.
   - 나는 당신이 근면하다고 생각합니다.
   - 나는 당신이 재치있다고 생각합니다.

## 회화  영어로 말해 보기

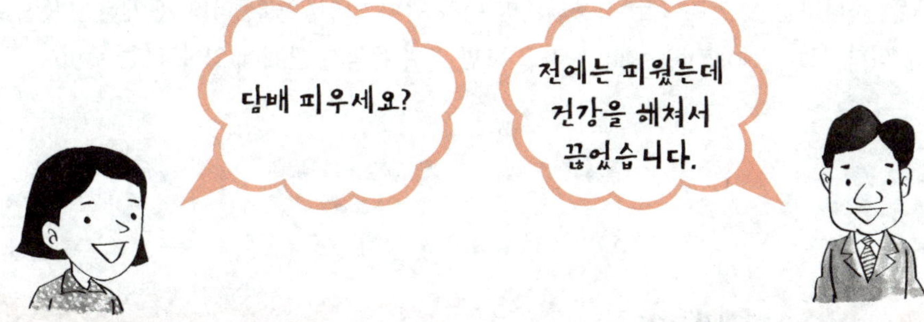


A: Do you smoke?
B: I used to, but I quit smoking up because I could tell it was ruining my health.

# I want to improve ties with you.
## 당신과의 관계를 개선하고 싶습니다.

A: I have something to tell you.

B: What is that?

A: I want to improve ties with you.

B: OK. I'll also try to do that.

A: How do you think we can achieve this goal?

B: I think it is important to establish good lines of communication.

A: 당신에게 할 말이 있습니다.

B: 그게 무엇입니까?

A: 당신과의 관계를 개선하고 싶습니다.

B: 좋습니다. 나 역시 그러도록 노력하겠습니다.

A: 어떻게 하면 우리가 목표를 달성할 수 있을까요?

B: 대화에 있어서 좋은 윤곽을 설정하는 것이 중요하다고 생각합니다.

### 꼭 알아두세요

tie는 끈, 매듭, 묶다라는 뜻으로 주로 사용되지만 이와 같이 인연, 연줄, 의리, 관계라는 뜻으로도 사용할 수 있다. Have close ties with ~ 라고 하면 '~와 돈독한 관계에 있다' 라는 뜻이다.

## Vocabulary

1. improve: *v.* 향상시키다
2. ties: *n.* 관계, 끈

## 영작 단어를 이용한 문장 만들기

주어진 내용을 이용해 다른 표현으로 바꾸어 본다.

1. I have something to __________.
   - 나는 먹을 것이 있습니다.
   - 나는 마실 것이 있습니다.
   - 나는 생각할 것이 있습니다.
   - 나는 물어볼 것이 있습니다.

2. I think it is ______ to establish good lines of communication.
   - 대화에 있어서 좋은 윤곽을 설정하는 것이 유용하다고 생각합니다.
   - 대화에 있어서 좋은 윤곽을 설정하는 것이 좋다고 생각합니다.
   - 대화에 있어서 좋은 윤곽을 설정하는 것은 필요없다고 생각합니다.
   - 대화에 있어서 좋은 윤곽을 설정하는 것이 바람직하다고 생각합니다.

## 회화 영어로 말해 보기

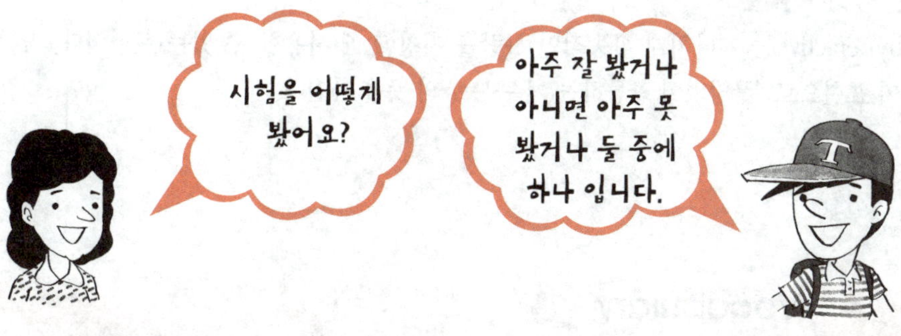


A: How did you do on your exam?
B: I either did very well or very poorly.

# My son is hyperactive.
## 우리 아들은 너무 극성맞습니다.

**A: My son is hyperactive.**

**B: Kids are like that sometimes.**

**A: No, I'm serious. He is constantly on the go from 5 am to 10 pm.**

**B: Have you taken him to see a child psychologist?**

**A: Yes, but he said he was just an energetic boy.**

**B: Whatever!**

A: 우리 아들은 너무 극성맞습니다.

B: 애들은 종종 그렇잖습니까?

A: 아닙니다, 심각해요. 우리 아들은 아침 5시부터 밤 10시까지 쉬질 않습니다.

B: 아동 심리학자에게 데려가보셨나요?

A: 네, 하지만 그가 말하길 제 아들은 단지 원기 왕성할 뿐이래요.

B: 뭐라고 하든지!

### 꼭 알아두세요

여기서 hyperactive는 지나치게 활동적인 사람을 지칭할 때 사용할 수 있는 표현이다. on the go는 구어 표현으로 '끊임없이 활동하는(계속하는)' 의 뜻을 가진다.

## Vocabulary

1. hyperactive: *adj.* 지나치게
2. serious: *adj.* 진지한, 심각한
   seriously: *adv.* 진지하게
3. constantly: *adv.* 끊임없이, 지속적인
   constant: *adj.* 지속의
4. psychologist: *n.* 심리학자

## 영작 단어를 이용한 문장 만들기

주어진 내용을 이용해 다른 표현으로 바꾸어 본다.

1. My girl friend is ___________.
   - 나의 여자친구는 유머러스합니다.
   - 나의 여자친구는 정직합니다.
   - 나의 여자친구는 매력적입니다.
   - 나의 여자친구는 똑똑합니다.

2. Have you taken him to see ___________.
   - 선생님에게 그를 데려가 보셨나요?
   - 내과의사에게 그를 데려가 보셨나요?
   - 소아과의사에게 그를 데려가 보셨나요?
   - 안과의사에게 그를 데려가 보셨나요?

## 회화 영어로 말해 보기

A: Is that the best answer you can come up with?
B: How come you're always knocking me?

# 미국의 추석, 추수감사절

미국의 추수감사절(Thanksgiving day)에 대하여 알아 보자.

우리나라는 매년 음력 8월에 보름달이 뜨는 날, 즉 음력 8월 15일을 추석 또는 중추절이라고 부르며 햇곡식과 햇과일로 조상에게 감사의 예를 올리고, 한 해의 풍년을 감사하며 여러 친지들이 모여 민속놀이를 하며 흥겨운 시간을 보낸다. 미국에도 우리의 추석과 같은 큰 명절이 있는데 바로 추수감사절이다.

추수감사절은 매년 11월 넷째 목요일로 정해지며 가족, 친지, 가까운 이웃이 함께 모여 즐거운 시간을 보낸다. 우리와 마찬가지로 멀리 떨어져 지내던 가족, 친지들이 한자리에 모여 추수감사절 전통 음식인 칠면조 구이(Turkey) 등을 먹으며 흥겹게 보낸다. 물론 미국은 전통적인 기독교 국가인 관계로 우리처럼 조상에게 차례를 지내거나 하지는 않지만 한 해 동안 무사하게 풍요로운 수확을 거둔 것에 대해서 감사하는 마음을 갖는다는 점에서 우리의 추석과 매우 닮았다고 할 수 있다.

미국의 추수감사절의 유래는 다음과 같다.

미국의 추수감사절의 시초는 미국의 정착과정과 관계가 있다. 영국의 청교도들이 처음 미국에 건너와 한 마을에 정착한 뒤 1621년 가을 첫 수확을 끝내고 3일간 감사기도를 올리며 축하 잔치를 열었다고 한다. 바로 이 축하 파티를 미국에서는 첫 추수감사절로 여기고 있으며, 당시에는 인디언 원주민들도 함께 참여해 성대하고 풍성한 감사제가 행해졌다고 한다. 이 날 불에 구운 칠면조와 호박 요리를 먹었으며 이것에서 유래 되어 추수감사절에 칠면조 구이와 호박 요리를 먹는 풍습이 계속되고 있다.

추수감사절이 전국적이고 공식적인 국경일이 된 것은 초대 대통령이었던 조지 워싱턴 때의 일이며, 추수감사절이 11월 마지막 목요일로 정해진 것은 16대 대통령이었던 에이브러햄 링컨 대통령 시절이었다고 한다. 그러던 것이 프랭클린 D. 루스벨트 대통령 시절 한때 그 날짜가 변경되는 우여곡절을 겪었다가 의회에 의해 다시 11월 넷째 목요일로 최종적으로 확정되어 오늘날 미국의 최대 명절 중의 하나가 되었다고 한다.

미국의 학교 및 대학에서는 추수감사절 기간 동안 Thanksgiving Break라고 하여 약 4~5일간의 짧은 방학을 한다. 미국의 학생들은 가족 및 친지를 방문하러 떠나게 되며, 외국인 유학생들은 나름대로 모임을 갖거나 혹은 미국 친구들의 가정에 초대를 받기도 한다. 이렇게 미국 가정에 초대를 받게 되는 경우 추수감사절 전통을 경험할 수 있는 좋은 기회가 되기도 한다.

## 사전찾기

1. 미국의 추수감사절 : Thanksgiving day
2. 추수 : harvest
3. 조상 : ancestor
4. 전통적인 : traditional
5. 흡사하다 : be similar
6. 국경일 : national holiday
7. 호박 : pumpkin
8. 초대되다 : be invited
9. 의회 : parliament
10. 우여곡절 : happening

## 미국의 결혼식

　미국의 결혼식에 대해서 알아 보기로 하자. 미국에서는 우리처럼 결혼만을 전문으로 하는 예식장은 좀처럼 보기 힘들며 거의 없다고 해도 과언이 아니다. 전통적인 기독교 사회인 만큼 주로 교회에서 결혼식을 치르거나 목사님의 주례로 연회장 같은 곳에서 결혼식을 올리는 것이 보통이다.

　내가 미국에서 처음으로 참석했던 결혼식을 예로 들어 미국 결혼식의 모습을 엿보기로 하자.
　미국 결혼식의 특징 중의 하나는 거의 대부분의 결혼식에는 신랑, 신부의 들러리가 있다는 점이다. 그것도 한 명이 아닌 여러 명의 들러리가.
　내가 참석했던 결혼식에는 어린이 2명을 포함하여 무려 8명의 들러리가 있었다. 들러리는 주로 신랑, 신부의 친한 친구들이 하게 되는데 남자들은 정장차림으로, 여자들은 드레스를 차려 입고 신랑, 신부보다 먼저 입장하여 신랑, 신부의 양 옆으로 서게 된다.

　결혼식이 끝나면 피로연이 열리게 되는데 대개는 같은 장소 혹은 주변의 연회장 등에서 열린다. 신랑, 신부와 들러리들이 중앙의 상석 테이블에 앉게 되고 음악이 시작되면 우리가 영화에서 보던 것처럼 신랑이 신부와 춤을 추고, 신부가 아버지와 춤을 추면서 댄스가 시작된다.
　행사가 무르익으면서 때로는 재미있는 풍습이 행해진다. 신부는 신부 친구들에게 부케를 던진다. 한편 신랑은 하객들이 보는 앞에서 신부의 드레스 속으로 들어가 신부의 스타킹 밴드를 벗겨서 자신의 미혼 친구들을 향해 던진다. 우리나라에서는 보지 못한 재미있는 장면이었다. 신부의 스타킹 밴드를 받은 신랑의 친구는 부케를 받은 신부의 친구와 함께 피로연장의 중앙에 마련된 의자에 앉는다. 하객들의 시선이 일제히 부케를 받은 여자에게 집중되고 신부의 스타킹 밴드를 받은 행운의 남자는 부케를 받은 신부친구에게 다가가 스타킹 밴드를 다시 신겨준다. 어색하게 스타킹 밴드를 신기는 남자나 쑥스럽게 앉아 있는 신부 친구를 보며 하객들은 폭소를 터뜨린다.

　각 나라마다, 문화마다 서로 다른 결혼식 전통을 가지고 있지만 나라와 문화를 막론하고 결혼식은 언제나 행복하고 유쾌한 행사인 것 같다.

## 사전찾기

1. 결혼식 : wedding ceremony
2. 신부 : bride
3. 신랑 : bridegroom
4. 주례를 보다 : preside over a ceremony
5. 신랑, 신부의 들러리 : bridesman, bridesmaid
6. 문화 : culture
7. 결혼 피로연 : wedding reception

# Unit.5
## EMOTION : POSITIVE

긍정적 감정표현

# I mean it.
## 진심입니다.

A: What's the matter with you?
B: Don't laugh at me. I mean it.
A: I'm sorry. I didn't laugh at you.
B: I think I'm very depressed at the moment.
A: What are you so depressed about?
B: I am still very upset at losing my job last month.

A: 무슨 문제라도 있습니까?
B: 비웃지 마세요. 난 진심입니다.
A: 미안해요. 당신을 비웃은 게 아닙니다.
B: 내 생각에 난 지금 너무 우울합니다.
A: 무엇이 당신을 그렇게 우울하게 하죠?
B: 지난 달 직장을 잃어버린 것 때문에 지금도 마음이 우울합니다.

### 꼭 알아두세요

mean은 동사일 때는 '의미하다, 뜻하다', 형용사일 때는 '비열한, 치사한', 명사일 때는 '중간, 평균치'의 의미를 가진다. 예문에서 I mean it.은 일상 생활에서 자주 쓰이는 표현이므로 꼭 기억하기 바란다. 또 많이 사용하는 표현으로서 I mean it that~ 이라고 하여 '~하는 것은 나의 진심이에요'도 사용할 수 있다

## Vocabulary

1. mean: *v.* 의미하다
   *adj.* 비겁한, 낮은
2. laugh at: *adj.* ~을 비웃다
3. depress: *v.* 의기소침하게 하다,
   우울하게 하다
4. upset: *adj.* 혼란한, 심란한

## 영작　단어를 이용한 문장 만들기

주어진 내용을 다른 표현으로 바꾸어 본다.

1. I think I'm very ________ at the moment.
   - 나는 지금 너무 흥분한 상태입니다.
   - 나는 지금 너무 우울합니다.
   - 나는 지금 너무 졸립니다.
   - 나는 지금 너무 피곤합니다

2. What are you so ____________ about?
   - 무엇이 그렇게 당신을 기쁘게 합니까?
   - 무엇이 그렇게 당신을 화나게 합니까?
   - 무엇이 그렇게 당신을 미치게 합니까?
   - 무엇이 그렇게 당신을 괴롭힙니까?

## 회화　영어로 말해 보기

A: Congratulations on your promotion.
B: It's only a title. Everything else is the same as before.

147

# Some things are just meant to be.
## 처음부터 그럴 수밖에 없는 일입니다.

**A: What was the result of the game?**

**B: We won the game.**

**A: It must have been a killer game.**

**B: Some things are just meant to be.**

**A: Did you win by a large margin.**

**B: Yes, they got beaten by fifty points.**

A: 경기의 결과는 어떻게 되었습니까?

B: 이겼습니다.

A: 정말 굉장한 경기였겠네요.

B: 처음부터 그럴 수밖에 없는 일입니다.

A: 큰 점수차로 이겼습니까?

B: 네. 50포인트 차로 이겼습니다.

### 꼭 알아두세요

~be meant to be는 '~할 수밖에 없어요' 라는 표현이 된다. 예를 들어 Our love is meant to be.라고 하면 '우리는 사랑할 수밖에 없는 사이에요.' 라는 표현이다. 다른 표현으로 Don't try to deny it. It is meant to be.라고 하면 '부정하지 마세요. 그 일은 처음부터 그럴 수밖에 없었어요.' 가 된다.

## Vocabulary

1. result: *n.* 결과 *v.* (결과로서) 생기다

2. margin: *n.* 차이, 수익, 가장자리

## 영작  단어를 이용한 문장 만들기

주어진 내용을 다른 표현으로 바꾸어 본다.

1. What was the result of the ______________ ?
   - 면접 결과는 어떻게 되었습니까?
   - 레슨 결과는 어떻게 되었습니까?
   - 특별교육의 결과는 어땠습니까?
   - 운전면허 시험의 결과는 이떻게 되었습니까?

2. I'm sorry to ____________________.
   - 이렇게 늦은 시간에 전화해서 미안합니다.
   - 오래 기다리게 해서 미안합니다.
   - 이런 말씀드려서 죄송합니다.
   - 시간을 너무 많이 빼앗아 죄송합니다.

## 회화  영어로 말해 보기

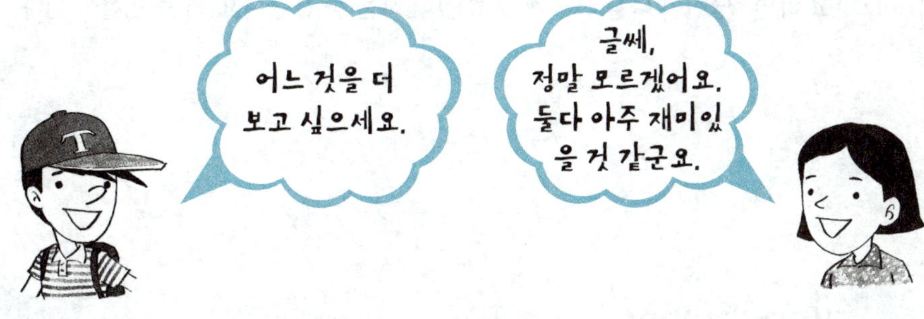


A: Do you know which one you would prefer to see?
B: No, not really. I suppose they're both very good.

# It's not all that bad.
## 생각보다 그렇게 나쁘지는 않습니다.

**A: I don't like this town.**

**B: Why do you say that?**

A: A lot of factories have polluted the air.

B: It's not all that bad.

**A: I have heard that the crime rate is very high.**

**B: I think it is the same as everywhere else.**

A: 나는 이 동네가 싫습니다.
B: 당신은 왜 그렇게 말씀하십니까?
A: 많은 공장들 때문에 공기가 나빠졌습니다.
B: 생각보다 그렇게 나쁘지는 않습니다.
A: 범죄율도 높다고 들었습니다.
B: 그건 어딜 가나 비슷하다고 생각합니다.

### 꼭 알아두세요

여기에서 that은 강조의 의미로서 so와 비슷한 의미로 사용되었다. I didn't know you missed me that badly.라고 하면 '당신이 나를 그렇게 보고 싶어 하는 줄 몰랐어요' 라는 표현이 된다.

## Vocabulary

1. factory: *n.* 공장
2. pollute: *v.* 오염시키다    pollution: *n.* 오염
3. crime: *n.* 범죄
4. rate: *n.* 등급, 비율

주어진 내용을 다른 표현으로 바꾸어 본다.

1. It's _______________ day.
   - 오늘은 날씨가 좋군요.
   - 오늘은 비가 오네요.
   - 오늘은 바람이 부네요.
   - 오늘은 안개가 꼈군요.

2. Do you like _______________?
   - 꽃을 좋아하세요?
   - 개를 좋아하세요?
   - 수영 좋아하세요?
   - 피자를 좋아하세요?

A: Why do you save so much money?
B: I have my heart set on setting up a school.

# It takes me back to my happy school days.

## 그 곳은 나의 즐거웠던 학창시절을 떠올리게 합니다.

A: **What is your favorite place?**

B: **I like to go to the Central Gymnasium.**

A: **What's the reason for that?**

B: **It takes me back to my happy school days.**

A: **Oh, you must have been a very good student when you were in school.**

B: **Well, that is not true.**

A: 당신이 가장 좋아하는 곳은 어디입니까?

B: 저는 중앙 체육관에 가는 것을 좋아합니다.

A: 왜 좋아합니까?

B: 그곳은 나의 즐거웠던 학창시절을 떠올리게 합니다.

A: 당신은 학창시절에 모범생이었군요?

B: 글쎄요, 그건 아닌데요.

 꼭 알아두세요

take back이라고 하면 '반품하다, 되찾다, 취소하다, 철회하다' 등의 많은 의미로 사용되지만 여기에서처럼 '옛 일을 떠오르게 하다' 라는 의미로도 사용될 수 있다. These treasures must be taken back to Korea.라고 하면 '이 보물들은 한국으로 반환되어야 합니다.' 라는 뜻이 된다.

## Vocabulary

1. gymnasium: *n.* 체육관

 단어를 이용한 문장 만들기

주어진 내용을 다른 표현으로 바꾸어 본다.

1. What is your favorite ___________?
   ◗ 당신은 어떤 운동을 좋아합니까?
   ◗ 당신이 좋아하는 게임은 무엇입니까?
   ◗ 당신이 좋아하는 책은 어떤 것입니까?
   ◗ 당신은 어떤 영화를 좋아합니까?

2. I like___________________.
   ◗ 나는 볼링을 좋아합니다.
   ◗ 나는 고전음악을 좋아합니다.
   ◗ 나는 치즈버거를 좋아합니다.
   ◗ 나는 맥주를 좋아합니다.

 영어로 말해 보기

A: What would you like ? Take your pick.
B: Why don't you choose for me. I am easy to please.

# He always shows respect for another person's opinion.
## 그는 항상 다른 사람의 의견을 존중합니다.

A: What do you think about Mr. Bob?

B: He is good at his work.

A: What do you think his merits are?

B: He always shows respect for another person's opinion.

A: That is such a noble quality in a person.

B: I think it is a very attractive feature of his personality.

A: 밥 씨는 어떤 사람입니까?

B: 그는 자신의 일에 충실합니다.

A: 그의 장점은 무엇이라고 생각하십니까?

B: 그는 항상 다른 사람의 의견을 존중합니다.

A: 사람에게 있어서 그것은 아주 고매한 특색입니다.

B: 그의 성격에 있어서 그것은 아주 눈에 띄는 특징입니다.

### 꼭 알아두세요

respect는 존경, 존중 등을 나타낼 때 주로 사용된다. '~를 존중하는 마음으로' 는 in respect for 라고 하며, '~의 존경을 받다' 는 win respect of ~ 라고 표현한다.

## Vocabulary

1. merit: *n.* 우수함
2. respect for: *v.* ~을 존경하다, 경외하다
   respectful: *adj.* 존경스러운
3. opinion: *n.* 의견
4. noble: *adj.* 고매한, 우아한
5. attractive: *adj.* 호감가는, 끌리는
6. feature: *n.* 특징, 이목구비, (영화의) 주요 작품

 단어를 이용한 문장 만들기

주어진 내용을 다른 표현으로 바꾸어 본다.

1. What do you think his ________ is?
   ◑ 그의 인격에 대해 어떻게 생각하세요?
   ◑ 그의 경력에 대해 어떻게 생각하세요?
   ◑ 그의 사고방식에 대해 어떻게 생각하세요?
   ◑ 그의 선입견에 대해 어떻게 생각하세요?

2. He is **good at** ____________.
   ◑ 그는 영어를 잘 한다.
   ◑ 그는 테니스를 잘 친다.
   ◑ 그는 춤을 잘 춘다.
   ◑ 그는 시치미를 잘 뗀다.

 영어로 말해 보기

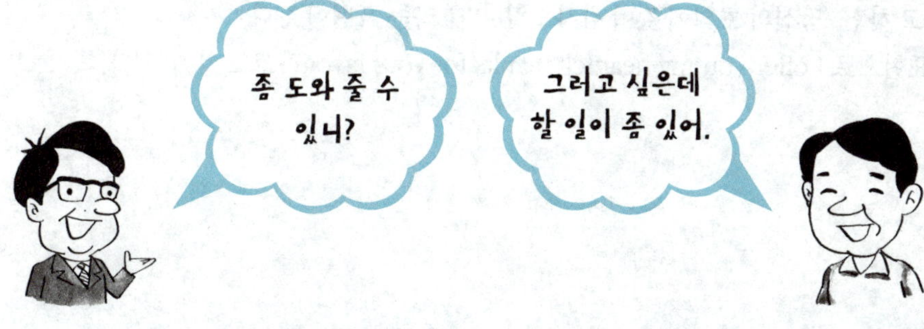


A: Can you help me with this job?
B: I'd like to , but I have something to do.

# I am very grateful for his kindness.
## 저는 그의 친절에 매우 감사하게 생각하고 있습니다.

**A: I heard that Mr. Johnson will be leaving our company.**

**B: Yes, he has a plan to go abroad.**

A: I am very grateful for his kindness.

**B: I think he is a good and gentle person.**

**A: Do you know where he will be living abroad.**

**B: I heard he had a plan to live in Sydney.**

A: 존슨 씨가 우리 회사를 떠난다고 들었습니다.

B: 네, 그는 외국으로 갈 계획입니다.

A: 저는 그의 친절에 매우 감사하게 생각하고 있습니다.

B: 제 생각에 그는 착하고 친절한 사람입니다.

A: 그가 외국의 어디로 갈지 알고 있습니까?

B: 시드니에서 살 것이라고 들었습니다.

### 꼭 알아두세요

I am deeply grateful to you for your kindness. 또는 I am grateful to your for your good will.이라고 하면 '당신의 호의에 깊이 감사드립니다.' 라는 표현이 된다.

또 다른 표현으로 I offer you my heartfelt thanks for your favor.라고도 할 수 있다.

## Vocabulary

1. grateful: *adj.* 감사하는
2. abroad: *adv.* 외국의
3. gentle: *adj.* 온화한, 친절한

주어진 내용을 다른 표현으로 바꾸어 본다.


1. I'm very grateful for her __________.
   ◑ 나는 그녀의 충고에 대해 매우 감사하게 생각합니다.
   ◑ 나는 그녀의 도움에 대해 매우 감사하게 생각합니다.
   ◑ 나는 그녀의 우정에 대해 매우 감사하게 생각합니다.
   ◑ 나는 그녀의 지원에 대해 매우 감사하게 생각합니다.


2. Do you know ____________________ ?
   ◑ 당신은 슬램덩크 슛을 어떻게 하는지 아십니까?
   ◑ 요즘 물가가 얼마나 비싼지 아십니까?
   ◑ 힐튼호텔로 가는 길을 아십니까?
   ◑ 운전할 줄 아십니까?


회화   영어로 말해 보기

A: Thank you for coming.
B: It was the least we could do.

# 남의 음식 맛보기와 두루마리 화장지

이번 이야기에서는 미국 사람들과 같이 식사를 하다가 범할 수 있는 실수 두 가지를 알아 보기로 하자.

첫 번째, 우리는 식사를 할 때 남의 음식 맛을 보는 일이 많다. 서로가 다른 음식을 먹는 경우 친구의 음식을 조금 먹어 보기도 하고, 때로는 일부러 여러 가지 메뉴를 주문하여 함께 나누어 먹는 것이 매우 흔한 일이다. 그런데 이러한 행동이 미국에서도 가능할까?

내가 어려서 미국에 갔을 때의 일이다. 미국인 친구와 같이 식당에서 음식을 먹게 되었는데, 친구의 음식을 조금 맛볼 생각으로 무심코 그 친구의 접시에서 음식을 집어 맛을 보았다. 그런데 친구가 나의 행동을 매우 이상하고 불결하게 느끼는 것이었다. 알고 보니 남의 음식을 허락 없이 맛보거나 손을 대는 것이 이들에게는 매우 실례의 행동인 것이었다.

우리는 찌게나 전골 같은 음식을 먹는 경우에 커다란 찌게 그릇에서 같이 먹는 경우가 많다. 요즘 식당에서 개인접시를 주고 있지만, 아직 그리 많지는 않은 것 같다. 식당에서 개인접시를 주는 경우에야 그렇지만, 그리 까다로운 사람이 아니고서는 찌게 같은 음식은 부담감 없이 같이 먹는 것이 보통이다. 하지만 미국에서는 한 그릇에 여러 사람의 숟가락이 들락날락하는 경우는 찾아 보기 힘들다. 큰 그릇에 담긴 음식을 돌려 가며 자신의 접시에 덜어 먹는 것이 대부분이다. 미국인 친구와 함께 식사를 하게 되거나 업무상 미국의 바이어를 접대하는 경우 이런 예절을 모른다면 미국인 친구는 음식에 숟가락 한 번 못 대보고 입맛만 다시고 앉아 있게 될 것이다.

두 번째는 두루마리 화장지에 얽힌 실수담이다. 우리나라의 식당이나 분식집 등에서는 크리넥스, 즉 paper handkerchief 대신에 두루마리 화장지를 식탁에 올려 놓고 손님들이 사용하게 하는 경우를 흔히 볼 수 있다. 가정집에서도 역시 그런 경우를 자주 볼 수 있는데, 미국에서는 이 두루마리 화장지

(toilet paper)를 화장실용으로만 사용하기 때문에 식탁에 올려 놓고 사용하지 않는다는 것을 알아두어야 한다.

toilet paper라는 용어에서 알 수 있듯이 미국인들은 이 두루마리 화장지를 보면 즉각 화장실 또는 변기(toilet)를 연상하기 때문에 사무실 등에서도 두루마리 화장지를 쓰는 경우는 보기 힘들다. 미국 가정에서는 식사할 때 우리들이 일반적으로 냅킨으로 사용하는 크리넥스도 거의 사용하지 않고, 식사용 냅킨을 따로 준비해 사용하는 것이 아주 일반적이다. 따라서 미국인 손님이 집이나 사무실을 방문할 때, 또는 함께 식사를 할 때 이런 점을 미리 고려한다.

## 사전찾기

1. 실수를 범하다 : make a mistake
2. 익숙하다 : be accustomed to
3. 음식 문화 : table manner
4. 음식을 시키다 : order meal
5. 나누어 먹다 : share
6. 까다롭다 : be particular about
7. 두루마리 화장지 : toilet paper
8. 크리넥스 : tissue
9. 화장실 : toilet

# Unit. 6
## EMOTION : NEGATIVE
부정적 감정표현

# He is getting under my skin.
## 그 사람이 자꾸 화나게 합니다.

A: How come you don't like your new boss?

B: He is getting under my skin all the time.

A: How does he annoy you?

B: He is far too critical for me.

A: Why don't you discuss it with your boss?

B: I've tried that!

A: 왜 그렇게 새로운 상관을 싫어하십니까?

B: 그 사람이 자꾸 절 화나게 합니다.

A: 당신을 화나게 하는 게 무엇입니까?

B: 그는 나에게 너무 비판적입니다.

A: 당신의 사장과 상의해보는 게 어떻겠습니까?

B: 이미 해봤습니다.

### 꼭 알아두세요

get under one's skin은 '추근대다, 화나게 하다, 성가시게 하다'의 뜻을 가진다. 이와 비슷한 표현으로 He is dogging me. 또는 He is annoying me. 그리고 He is bothering me. 와 He is irritating me.가 있다.

 **Vocabulary**

1. boss: *n.* 상사, 상관
2. critical : *a.* 비평의
3. annoy: *v.* 괴롭히다. 성가시게 하다

주어진 내용을 다른 표현으로 바꾸어 본다.

1. What is ___________________.
   ● 무슨 일이 벌어지고 있습니까?
   ● 그에게 무슨 일이 있습니까?
   ● 그들에게 무슨 문제가 있습니까?
   ● 무엇에 관한 것입니까?

2. Why don't you ______________________?
   ● 네트미팅을 열어주시겠습니까?
   ● 창문 좀 닫아주시겠습니까?
   ● 자기 소개를 해주시겠습니까?
   ● 마실 것 좀 주시겠습니까?

회화 영어로 말해 보기

A: He looks a little arrogant.
B: Yes, He's kind of selfish.

부정적 긍정표현

EMOTION : NEGATIVE

# She is in a bad mood.
## 그녀는 저기압입니다.

A: What's wrong with Sally? She's got a long face this morning.

B: I am not sure, but she's in a bad mood.

A: Is she often like that?

B: No, she is usually very friendly and cooperative.

A: Let me talk to her.

B: Good luck.

A: 샐리가 왜 저러지요? 오늘 아침에는 풀이 죽어 있는데요.

B: 잘 모르지만, 저기압입니다.

A: 종종 그럽니까?

B: 아니요, 평소에 그녀는 매우 상냥하고 협조적이에요.

A: 그녀와 얘기를 해볼게요.

B: 행운을 빌겠습니다.

 꼭 알아두세요

**bad mood**는 '기분이 안 좋은, 기분이 나쁜, 또는 화가 난' 의 뜻을 가지고, **have a long face** 는 '우울한(침울한) 얼굴을 하다' 의 뜻을 가진다. 그리고 she's got은 she has got의 축약형인데, has(have) got은 has(have)의 구어 표현으로 아주 흔하게 사용된다.

## Vocabulary

1. mood: *n.* 그 때의 기분, 분위기
2. friendly: *a.* 친한, 공손한
3. cooperative : *adj.* 협조적인
4. work it out : 생각해내다

## 영작 단어를 이용한 문장 만들기

주어진 내용을 다른 표현으로 바꾸어 본다.

1. Let me ___________________________.
   - 제가 설명을 해드리죠.
   - 출판사에 한번 알아볼게요.
   - 이번에는 제가 이기도록 해주세요.
   - 생각할 기회를 주세요.

2. She is usually very __________________.
   - 그녀는 평소에 무척 적극적이다.
   - 그녀는 평소에 무척 내성적이다.
   - 그녀는 평소에 무척 겁이 많다.
   - 그녀는 평소에 무척 말수가 적다.

## 회화 영어로 말해 보기

A: The way I look at it, the project is not feasible.
B: What do you mean? We worked it out.

# What nerve!
## 감히 그럴 수가!

A: Who took my chocolate bar?

B: Me. I' ll buy you another one, okay?

A: **What nerve!** It was from my boy friend.

B: I' m sorry, I didn' t realize it had sentimental value for you.

A: I' ll forgive you this time, but please don' t do it again.

B: I promise you.

A: 누가 내 초콜릿을 가져갔어?

B: 내가. 다른 거 하나 사줄게.

A: **감히 그럴 수가?** 내 애인이 준 거란 말야.

B: 미안, 네게 그렇게 의미 있는 것인지 몰랐어.

A: 이번에는 용서하지만 앞으로는 그러지마!

B: 약속할게.

### 꼭 알아두세요

여기서의 nerve는 용기, 담력, 신경을 말한다. What nerve.와 같은 표현으로 How dare you!가 있다.

## Vocabulary

1. nerve: *n.* 신경, 뻔뻔함
2. sentimental : *a.* 감정적인

주어진 내용을 다른 표현으로 바꾸어 본다.

1. I'll _______________________.
   ◐ 산책을 해야겠군요.
   ◐ 내일 전화할게요.
   ◐ 오늘은 일찍 자야겠군요.
   ◐ 당신은 그 시험에 꼭 합격될거에요.

2. I don't _________ it!
   ◐ 저는 식당에서 사먹는 것을 좋아하지 않습니다.
   ◐ 저는 TV를 자주 보지 않습니다.
   ◐ 저는 커피를 마시지 않습니다.
   ◐ 저는 제 일을 좋아하지 않습니다. 그것은 아주 지루합니다.

회화 영어로 말해 보기

A: Are you going to stay for the reception?
B: I'm afraid I might have to take off.

부정적 감정표현

EMOTION : NEGATIVE

# What's eating you?
## 무엇이 고민입니까?

A: Linda, why the long face? What's eating you?

B: The coming final exam. I'm not prepared.

A: Don't worry, you can pass it.

B: I'm afraid that the subject matter is too difficult.

A: Anything is possible with hard work.

B: You are always positive.

A: 린다, 무슨 일이 있니? 무엇이 고민인데?

B: 다가오는 학기말 고사가 걱정이야. 준비를 하나도 안 했거든.

A: 걱정마, 넌 통과할 수 있어.

B: 교과 내용이 너무 어려운 것이 걱정이야.

A: 열심히 하면 문제될 것이 없어.

B: 넌 늘 긍정적이야.

### 꼭 알아두세요

'누가 널 먹었니?' 라고 단순하게 한국어로 번역하면 절대 안 된다. 여기서의 eat은 '초조하게 만들다, 괴롭히다' 란 뜻으로 사용되었다.

 **Vocabulary**

1. approach: *v.* 다가오다    *n.* 접근

 **단어를 이용한 문장 만들기**

주어진 내용을 다른 표현으로 바꾸어 본다.

1. I'm afraid that ____________________.
   ○ 저는 그녀가 그녀의 일을 떠맡길까봐 두렵습니다.
   ○ 저는 좋은 선생님으로 인정받지 못할까봐 두렵습니다.
   ○ 저는 그가 자신감을 잃을까봐 두렵습니다.
   ○ 저는 그가 실수를 할까봐 두렵습니다.

2. Your brother is always __________.
   ○ 네 동생은 언제나 생기가 넘친다.
   ○ 네 동생은 언제나 상냥하다.
   ○ 네 동생은 언제나 무뚝뚝하다.
   ○ 네 동생은 언제나 우울하다.

 **영어로 말해 보기**

A: I hear you're looking for a job.
B: Yeah, desperately. But I don't know what I should do.

# You are too fickle.
## 변덕이 참 심합니다.

A: Do you want to go out with him or not?

B: This morning, I wanted to go, but now I don't think so.

A: You are too fickle.

B: Hey, it's not my fault that I am indecisive!

A: I think you should take responsibility for your actions.

B: Well, this is not as easy as you might think.

---

A: 그 친구랑 데이트할 거야 말 거야?

B: 오늘 아침에는 그러고 싶었는데, 지금은 마음이 바뀌었어.

A: 변덕도 참 심하다.

B: 결정을 못 내리는 것이 내 잘못은 아니야.

A: 내 생각에 너는 네 행동에 책임을 질 필요가 있어.

B: 글쎄, 그게 그렇게 생각처럼 쉬운 게 아니야.

---

### 🥕 꼭 알아두세요

You are wishy-wash.라고 해도 같은 표현이다.

## Vocabulary

1. fickle: *adj.* 변하기 쉬운
   fickleness: *n.* 변덕

2. indecisive : *a.* 우유부단한

## 영작  단어를 이용한 문장 만들기

주어진 내용을 다른 표현으로 바꾸어 본다.

1. It' s not my fault that _________________.
   - 시험을 못 본 것은 제 잘못이 아닙니다.
   - 버스를 놓친 것은 제 잘못이 아닙니다.
   - 그녀와 헤어진 것은 제 잘못이 아닙니다.
   - 과제를 늦게 끝낸 것은 제 잘못이 아닙니다.

2. Do you want to _________________?
   - 그와 헤어지고 싶으세요?
   - 더욱 성숙해지고 싶으세요?
   - 휴가를 떠나고 싶으세요?
   - 자세한 사항을 나열하고 싶으세요?

## 회화  영어로 말해 보기

A: I' m terribly sorry about this.
B: Please, don' t blame yourself. I understand.

# 64 LESSON

# I can't put a good perspective on it.
## 도저히 참아 넘길 수가 없습니다.

A: Why are you so depressed?
B: I can't put a good perspective on it.
A: What's the matter with you?
B: The situation is too pessimistic.
A: You have to be more positive in your attitude.
B: It's easy for you to say that. You are not in the same situation as me.

A: 왜 그렇게 우울합니까?
B: 도저히 참아 넘길 수가 없습니다.
A: 무엇이 문제입니까?
B: 상황이 너무 비관적입니다.
A: 좀 긍정적인 태도를 가지세요.
B: 말이야 쉽지요. 당신은 제 입장이 아니지 않습니까?

### 꼭 알아두세요

Some situations are so terrible that it's difficult to put a good face on them. 역시 '상황이 너무 안 좋아서 그것들을 참아내기 힘들다' 의 뜻이 된다. 여기서 'so ~ that ~' 구문은 '너무 ~ 해서 ~하다' 의 구문이다. pessimistic은 '비관적인' 의 뜻을 가지며, 반대말은 optimistic(낙관적인)이다. 명사형은 pessimism(비관론), optimism(낙관론)이다.

 **Vocabulary**

1. perspective: *n.* 투시도(법), 조망, 보는 시각

2. pessimistic: *adj.* 염세주의의
≠ optimistic: *adj.* 낙관적인

주어진 내용을 다른 표현으로 바꾸어 본다.

1. I _____________ put a good face on it.
   ◑ 도저히 참아 넘길 수 없을 것 같습니다.
   ◑ 참아 넘기는 것이 나을 것 같습니다.
   ◑ 저는 참고 넘어 갔습니다.
   ◑ 저는 그가 참고 넘어가도록 만들 것입니다.

2. It's ______ for you to say that.
   ◑ 그렇게 말하는 것은 쉽지 않습니다.
   ◑ 그렇게 말하는 것은 간단합니다.
   ◑ 그렇게 말하는 것이 옳습니다.
   ◑ 그렇게 말하는 것은 훌륭합니다.

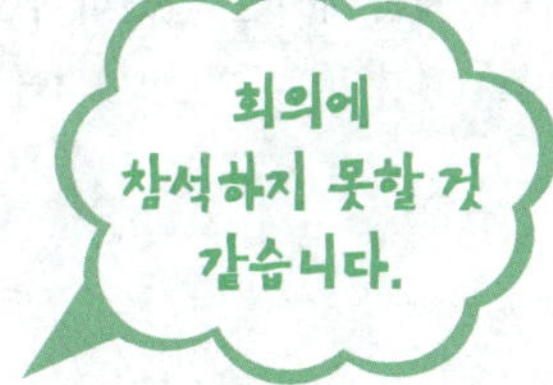

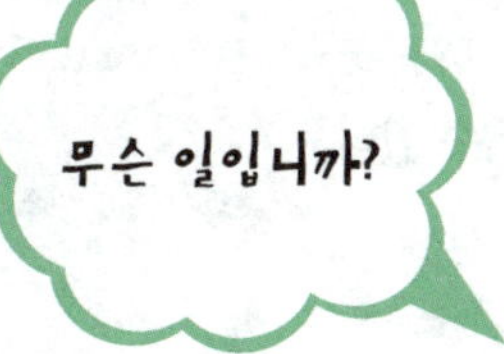

A: I'm afraid I won't be able to make it to the meeting.
B: What happened?



부정적 감정표현
EMOTION : NEGATIVE

# 65 LESSON

# She's got some nerve.
## 그 여자 참 뻔뻔하네요.

A: Why are you so angry?

B: The new clerk stole my money.

A: How can you be so sure?

B: One of the girls at the reception desk saw her take it.

A: She's got some nerve.

B: Don't talk about her.

A: 왜 그렇게 화가 나셨습니까?

B: 새로 들어온 점원이 제 돈을 훔쳤어요.

A: 어떻게 그렇게 확신할 수 있습니까?

B: 리셉션 데스크에 있는 한 소녀가 제 점원이 훔치는 것을 봤습니다.

A: 그 여자 참 뻔뻔하네요.

B: 그 여자 얘기는 하지도 마세요.

### 꼭 알아두세요

nerve가 '뻔뻔함' 을 나타내는 뜻으로 사용될 수 있는 some nerve에 대하여 알아본다. 여기서 nerve는 '신경, 신경조직, 용기, 대담, 뻔뻔함' 을 뜻하며, 예문에서는 뻔뻔하다는 의미로 사용되었다. **What nerve!**(참 뻔뻔하군요), **What nerve he has!**(정말로 그는 철면피야) 등의 표현을 알아두면 유용하게 사용할 수 있다.

## Vocabulary

1. clerk: *n.* 사무원, 점원
2. stole: steal의 과거형, *v.* 훔쳤다
   stolen: *adj.* 훔친
3. nerve : *n.* 뻔뻔스러움
4. reception: *n.* 수령, (호텔, 사무실 등의) 프론트

## 영작  단어를 이용한 문장 만들기

주어진 내용을 다른 표현으로 바꾸어 본다.


1. Why are you so ______________ ?
   - 왜 그렇게 우울합니까?
   - 왜 그렇게 피곤해하나요?
   - 왜 그렇게 흥분했습니까?
   - 왜 그렇게 소심합니까?


2. One of the girls ____________ saw her took it.
   - 슈퍼마켓 안에 있는 한 소녀가 그가 훔치는 것을 봤습니다.
   - 택시 안에 있는 한 소녀가 그녀가 훔치는 것을 봤습니다.
   - 사탕가게 안에 있는 한 소녀가 그가 훔치는 것을 봤습니다.
   - 버스 안에 있는 한 소녀가 그녀가 훔치는 것을 봤습니다.


## 회화  영어로 말해 보기

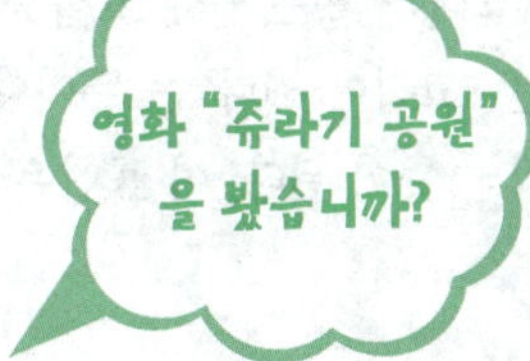

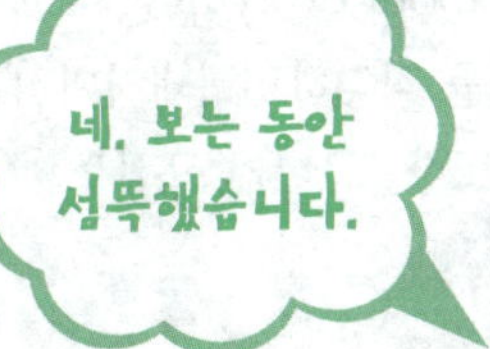

A: Did you see the movie "The Jurassic Park"?
B: Yes, I did. It gave me the creeps most of the time.

# LESSON 66

## She is so pig-headed about everything.
## 그녀는 모든 일에 고집을 부립니다.

A: Why are you so worried?
B: To be frank, I fought with my wife last night.
A: Oh, why did you fight with each other?
B: She's so pig-headed about everything.
A: Have you tried discussing the situation with her more reasonably?
B: I have tried everything, but she won't listen to reason.

A: 무슨 근심이 있습니까?
B: 솔직히 어젯밤에 집사람과 싸웠습니다.
A: 왜 싸우셨습니까?
B: 그녀는 모든 일에 고집을 부립니다.
A: 부인과 타당하게 논의해보려고 노력했습니까?
B: 온갖 방법을 다 동원했습니다. 하지만 그녀는 이유조차 들으려 하지 않습니다.

### 꼭 알아두세요

She is so pig-headed about everything.라고 하면 '그녀는 모든 일에 고집을 부린다.' 라는 표현이 된다. pig-headed를 직역하면 '돼지머리' 이지만 '고집이 세다' 는 뜻이다. 그리고 **She is obstinate as an ass.** 또한 '그녀는 고집불통이다.' 라는 뜻이 된다. 이 표현은 되도록이면 쓰지 말 것!

## Vocabulary

1. fought : fight의 과거형, *v.* 싸우다

2. reasonably: *adj.* 타당하게
   reasonable: *adj.* 타당한

## 영작 단어를 이용한 문장 만들기

주어진 내용을 다른 표현으로 바꾸어 본다.

1. I ________________ with my girlfriend last night.
   - 나는 어젯밤에 여자친구와 저녁식사를 했다.
   - 나는 어젯밤에 여자친구와 TV를 봤다.
   - 나는 지난 주말에 나의 여자친구와 공부를 했다.
   - 나는 지난 일요일에 여자친구와 영화를 봤다.

2. She is so __________ about everything.
   - 그녀는 모든 일을 너무 건성으로 처리한다.
   - 그녀는 모든 일에 너무 철저하다.
   - 그녀는 모든 일에 너무 천하태평이다.
   - 그녀는 모든 일에 너무 열심이다.

## 회화 영어로 말해 보기

A: What is she pig-headed about?
B: She said she would not be able to give up her vacation.

# LESSON 67

# I'm drawing a blank!
## 잊어버렸습니다.

A: Can you see her over there?

B: You mean the woman in red?

A: Yes, you said you knew her. What's her name?

B: Uhhhh, I am drawing a blank. I can't remember it!

A: You must have a terrible memory!

B: Sometimes I think I will forget my own name!

A: 저기 저 여자 보입니까?

B: 빨간 옷을 입고 있는 여자를 말씀하시는 것입니까?

A: 네, 아는 사람이라고 하지 않았습니까. 그녀의 이름은 무엇입니까?

B: 잊어버렸습니다. 생각이 안 납니다.

A: 기억력이 좋지 않나봅니다.

B: 어쩔 땐 제 이름까지도 잊어버립니다.

### 꼭 알아두세요

어떤 색의 옷을 입은 사람을 표현할 때는 전치사 in을 쓴다는 것을 반드시 기억한다. 그래서 the woman in red는 '빨간 옷을 입은 여자'가 된다.

blank는 원래 '멍한, 얼빠진, 공백의' 뜻을 가진 단어인데 위의 대화에서처럼 I'm drawing a blank.는 머리가 비었다, 즉 '잊어버렸다, 기억이 나지 않는다'의 뜻이 된다.

## Vocabulary

1. blank: *adj.* 백지의, 빈

 **단어를 이용한 문장 만들기**

주어진 내용을 다른 표현으로 바꾸어 본다.

1. He is ____________.
   - 그는 영리하다.
   - 그는 중후하다.
   - 그는 직선적이다.
   - 그는 위트가 있다.

2. You mean a woman ____________________?
   - 하이힐을 신고 있는 여자를 말씀하시는 건가요?
   - 파란 색 가방을 들고 있는 여자를 말씀하시는 건가요?
   - 안경을 쓰고 있는 남자를 말씀하시는 건가요?
   - 노란 티셔츠를 입고 있는 남자를 말씀하시는 건가요?

회화 **영어로 말해 보기**

A: I am really sorry for what I've done to you.
B: OK, I accept your apology.

# LESSON

# I feel under the weather.
## 기분이 별로 좋지 않습니다.

**A: You look so tired.**

**B: I feel under the weather.**

**A: What's wrong with you?**

**B: I have a cold after I was caught in the rain yesterday.**

**A: You should be more careful of your health.**

**B: It's not a serious problem, but I just feel miserable.**

A: 매우 피곤해 보입니다.

B: 기분이 별로 좋지 않습니다.

A: 무슨 일이 있습니까?

B: 어제 비를 맞은 뒤로 감기에 걸렸습니다.

A: 건강에 더욱 신경 썼어야지요.

B: 그렇게 심각한 것은 아니지만, 그냥 기분이 말이 아닙니다.

### 꼭 알아두세요

**under the weather**는 상황에 따라 기분이 조금 나쁘다, 숙취가 잘 깨지 않는다 등의 의미로도 사용된다. What's the matter, under the weather?이라고 하면 '무슨 일이에요, 기분이 안 좋은 가요?' 라는 표현이다. '기분이 좋지 않다' 의 다른 표현으로는 **I'm not feeling well.** 또는 **I feel blue.** 등을 쓸 수 있다.

## Vocabulary

1. caught: catch의 과거형, *v.* 잡다
2. stuck: stick의 과거형, 과거 분사형, *v.* 갇히게 하다
3. cold: *adj.* 추운  *n.* 감기
4. miserable: *adj.* 비참한

## 영작  단어를 이용한 문장 만들기

주어진 내용을 다른 표현으로 바꾸어 본다.

1. I just feel _______________.
   - 나는 행복하다.
   - 나는 만족한다.
   - 나는 고통스럽다.
   - 나는 수치스럽게 생각한다.

2. You should be more careful about your __________.
   - 부모님께 더욱 신경을 썼어야지요.
   - 학점에 더욱 신경을 썼어야지요.
   - 여자친구에게 더욱 신경을 썼어야지요.
   - 옷차림에 더욱 신경을 썼어야지요.

## 회화  영어로 말해 보기

A: It have you heard about Jason's promotion?
B: It blows my mind!

# Dr. Jane took a shot at me.
## 제인 박사가 토론에서 저의 아픈 데를 찔렀습니다.

A: You look so tired.

B: I was in a meeting all day.

A: How was the meeting?

B: Dr. Jane took a shot at me.

A: Regarding what?

B: I don't want to talk about it any more.

A: 매우 피곤해 보입니다.

B: 하루종일 회의를 했습니다.

A: 회의는 어땠습니까?

B: 제인 박사가 토론에서 저의 아픈 데를 찔렀습니다.

A: 어떤 것으로요?

B: 그것에 대해서는 더 이상 이야기하고 싶지 않습니다.

**꼭 알아두세요**

같은 뜻으로 Dr. Jane hit me where it hurts. 라고 쓸 수 있다.

## Vocabulary

1. shot: *n.* 발사, 주사
2. regarding: *prep.* ~ 에 대해서

## 영작 · 단어를 이용한 문장 만들기

주어진 내용을 다른 표현으로 바꾸어 본다.

1. I had a meeting ____________.
   - ○ 오전 내내 회의를 했습니다.
   - ○ 오후 내내 회의를 했습니다.
   - ○ 점심시간도 없이 회의를 했습니다.
   - ○ 지겹도록 회의를 했습니다.

2. I don't want to talk about __________ any more.
   - ○ 나는 그 영화에 대해서 더 이상 이야기하고 싶지 않다.
   - ○ 나는 그 책에 대해서 더 이상 이야기하고 싶지 않다.
   - ○ 나는 공산주의에 대해서 더 이상 이야기하고 싶지 않다.
   - ○ 나는 지난 시험에 대해서 더 이상 이야기하고 싶지 않다.

## 회화 · 영어로 말해 보기

A: We had a lunch meeting.
B: What did you guys discuss?

# I got chewed out.
## 나 구설수에 올랐어.

A: I got chewed out .

B: What happened?

A: He embarrased me in front of my friends. How could he?

B: He is a real bastard.

A: But sometimes he is such a gentle guy.

B: Well, I wonder why he is putting someone down sometimes.

A: 나 구설수에 올랐어.

B: 무슨 일이 있었어?

A: 그가 내 친구들 앞에서 내게 무안을 주더라구. 어떻게 그럴 수가 있지?

B: 나쁜 녀석.

A: 그러나 때때로 그는 정말 좋아.

B: 글쎄, 왜 그는 사람들을 무안하게 만드는지 궁금해.

### 꼭 알아두세요

우리말과 똑같이 chew는 추잉껌(chewing gum)을 떠올리면 된다. I got chewed out. 하면 속된 표현으로 '씹혔다' 는 뜻을 나타낸다.

### Vocabulary

1. chew : *v.* (음식물) 씹다, 심사숙고하다
2. bastard : *n.* 사생아, 녀석

## 영작  단어를 이용한 문장 만들기

주어진 내용을 다른 표현으로 바꾸어 본다.

1. He _________ me in front of my friends.
   - 그는 친구들 앞에서 나를 극찬했다.
   - 그는 친구들 앞에서 나를 때렸다.
   - 그는 나의 친구들 앞에서 그녀를 울렸다.
   - 그는 나의 여자친구의 친구들 앞에서 나를 도와주었다.

2. He is a real _______________.
   - 그는 정말로 잘 생겼다.
   - 그는 정말 귀여운 소년이다.
   - 그는 정말로 운좋은 사나이다.
   - 그는 정말 매력적인 남자이다.

## 회화  영어로 말해 보기

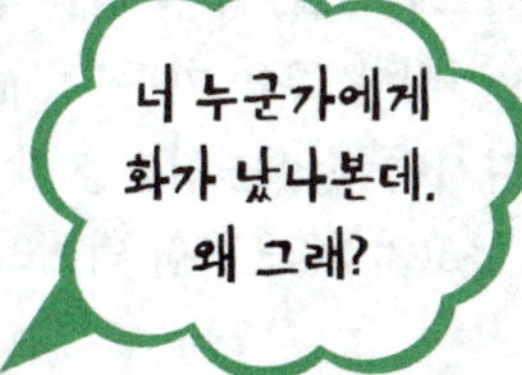

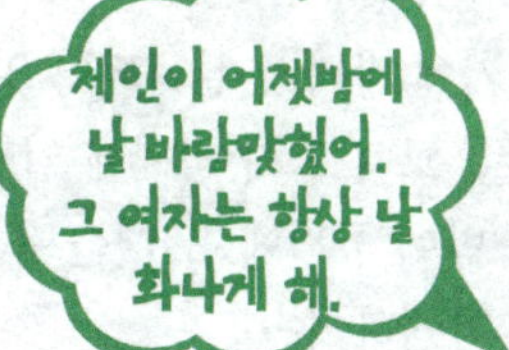

A: You look mad at someone. Why?
B: Jane stood me up last night. She always burns me up?

## 바비큐를 즐기는 미국인

한여름 주말이었다. 처음으로 가족들과 함께 집 앞에 있는 공원에 피크닉(Picnic)을 갔었다.

공원은 영화에서 본 것처럼 깨끗하게 유지되어 있고 너무나 아름다웠다. 호수에 청둥오리, 흰 오리 그리고 고양이 크기만한 다람쥐들이 여기저기서 뛰놀고 있었다. '미국은 다람쥐도 참 크구나…' 다람쥐, 토끼들이 여기저기 뛰놀고 있는 것이 참으로 좋아 보였다. 사람을 전혀 무서워하지 않고 먹을 것을 달라고 오히려 사람들을 따라다니는 것이었다. 한국 같으면 혹시나 오리들이 다 잡혀 먹히진 않았을까?

미국은 규칙이 엄한 나라이기 때문에 당연히 불고기 같은 것을 공공 장소에서 구워 먹을 수 없다고 생각했다. 그래서 고기를 구워 먹다 만약에 적발되면 많은 벌금을 낼 것 같아 그냥 마음 편하게 김밥과 음료수 그리고 과자를 준비해 공원에 갔다.

공원에는 휴일이라 그런지 사람들이 무척 많았다. 그런데 이게 웬일인가? 우리 가족만 빼고 다른 사람들은 모두들 고기를 구워 먹고 있는 것이 아닌가? 우리 가족들이 불고기, 갈비를 얼마나 좋아하는데…. 특히 눈에 띄는 것은 공원 여기저기에 바비큐를 구울 수 있는 큰 장비가 설치되어 있는 점이었다. 사람들이 숯(charcoal)만 가져오면 스테이크를 구워 먹을 수 있도록 공원 여기저기에 장비가 설치되어 있었던 것이다. 우리 가족은 서로 허탈하게 얼굴만 쳐다 보다 고기 냄새에 입맛을 다시며 맛있는 김밥을 참 맛없게 먹었다. '다음 번에 공원에 올 때는 우리도 불고기를 꼭 구워 먹으리라!' 라고 속으로 굳게 다짐하며….

참 인상적이었던 것은 미국 사람들은 피크닉 후 쓰레기를 하나도 남김 없이 쓰레기통에 버리고 간다는 점이었다. 음식 찌꺼기는 눈을 씻고 봐도 어디에서도 찾아 볼 수 없었다. 이러한 질서가 유지되는 것은 선진화된 그들의 의식 때문일 수도 있겠지만, 이러한 질서를 유도하는 강력한 벌금에서도 찾아

볼 수 있다. 쓰레기 무단투기에 대한 벌금이 무려 500달러에서 많게는 1,000달러에 이른다. 미국은 기본적인 질서에 대한 것일수록 더 무거운 벌금을 부과하고 있다. 처음에는 무거운 벌금 탓에 질서가 유지되었을지도 모르지만, 어쨌든 내가 본 대부분의 미국인들은 질서의식이 자연스럽게 몸에 배인 듯 했다. 비록 그것이 강제성에 의한 질서의식일지라도 질서가 손쉽게 무시되는 한국의 상황보다는 좋아 보였다.

요즘의 한국도 사람들의 질서의식이 높아져 예전보다는 많이 달라진 모습들을 본다. 보다 선진화된 의식 수준으로 한국을 방문하는 외국인들에게 좋은 인상들을 줄 수 있기를 바란다.

## 사전찾기

1. 피크닉 : picnic
2. 호수 : lake
3. 공원 : park
4. 무서워하다 : scare of
5. 휴일 : holiday
6. 고기를 구워먹다 : barbecue
7. 무거운 벌금 : heavy fine
8. 다짐하다 : promise
9. 설치하다 : install
10. 음료수 : beverage

# 누구나 찾기 쉽게 되어 있는 미국의 도로 번호

오늘은 누구나 알기 쉽고, 처음 찾아 가는 사람도 길을 쉽게 찾을 수 있게 되어 있는 미국의 도로 번호에 대하여 알아 보도록 하자.

우리나라의 도로 번호는 일관성이 없고 사람들에게 잘 인식되어 있지 않은 것이 보통이다. 택시를 탈 때도 우리는 몇 번 도로 등으로 부르는 경우는 거의 없는 편이고, 길마다 정해진 이름이 있긴 하지만 주로 그 동네의 유명한 건물을 통해 부르는 것이 보통이다.

이와 달리 미국에서는 체계적으로 도로 번호가 부여되어 있어 그 규칙만 알면 도로를 이용하는 사람들이 편리하게 다닐 수 있다. 미국의 프리웨이(Free Way)는 신호등이 없는 자동차 전용도로를 말하는 것으로 우리나라의 고속도로와 같은 것이다. 한편 하이웨이(High Way)는 신호등이 있는 자동차 전용도로로서 우리나라의 국도와 같은 개념이다.

우리나라와 마찬가지로 미국의 모든 프리웨이와 하이웨이에는 번호가 있다. 우리는 고속도로를 번호로 찾기보다는 경부, 중부 등 이름으로 구분하는 것이 익숙하지만 미국에서는 모든 프리웨이와 하이웨이를 번호로 찾는다. 가령 두 지역을 연결하는 100번 도로가 있는 경우 북쪽 지역에서 남쪽 지역으로 오려고 하면 100번 SOUTH를 타면 되고, 반대의 경우에는 100번 NORTH를 타면 되는 식이다. EAST, WEST, NORTH, SOUTH 등 동서남북의 방향으로 표시되어 있으며, 고속도로 진입로에는 방향 표시가 되어 있다.

일반도로의 경우에는 번호 대신 길 이름과 방향표시로 길을 찾게 되는데, 길의 종류에는 길의 너비에 따라 Blvd(Boulevard 대로), Ave (Avenue), Dr(Drive), St(Street), Ct(Court), Ln(Lane) 등으로 나뉘어져 있으며 표지판이 매우 잘되어 있어 길을 쉽게 찾아 갈 수 있다. 이 때문에 우리나라의 경우 그 지역을 모르면 길을 찾기가 매우 어렵지만, 미국의 경우 잘 알지 못하는 지역에서도 위치를 비교적 쉽게 찾을 수 있다.

1. 도로 표지 : Load Sign
2. 택시를 타다 : get on taxi
3. 일관성이 있는 : consistent
4. 신호등이 없는 자동차 전용도로 : Free Way
5. 신호등이 있는 자동차 전용도로 : High Way
6. 방향 : direction
7. 대로 : Boulevard < Avenue < Drive < Street < Court < Lane
8. 가령 : for example

# 다양하고 많은 영화를 즐길 수 있는 미국의 영화관

오늘은 다양하고 많은 영화를 즐기며 즐거운 시간을 보낼 수 있는 미국의 영화관에 대하여 알아 보기로 하자.

최근에는 흔히 영화가 흥행에 성공했다고 하면 미국의 수천 개의 극장에서 동시에 개봉되어 흥행수익이 얼마얼마라는 광고를 많이 사용하는 것을 볼 수 있는데, 그 수많은 극장에서 한 편의 영화가 동시에 상영된다는 것 자체가 대단한 일인 것 같다.

미국의 극장은 극장 한 군데에 열 개 이상의 많은 극장이 모여 있는 복합상영관으로 되어 있어 한 군데 극장에 가면 자기 맘에 드는 영화를 마음대로 골라 볼 수 있다. 필자가 살았던 캘리포니아에도 AMC라고 불리는 크고 유명한 극장이 있다. 우리나라에도 최근에는 이러한 극장들이 많아지고 있는 것 같다. 이러한 극장들은 대부분 심야에도 영화를 볼 수 있게 되어 있다.

우리나라의 대부분에 극장들은 지정좌석제로 되어 있어 반드시 번호표대로 자신의 자리에 앉게 되어 있다. 하지만 미국에서는 지정좌석제가 아닌 경우가 많다. 간간이 인기가 많은 영화를 상영하는 경우에는 좌석을 지정하여 혼란을 막는 경우도 있다.

극장 내에서는 녹인 치즈와 다진 칠리를 얹은 나초라고 불리는 멕시칸 스넥(Mexican Snack)을 팔고 있는데, 인기가 아주 많고 극장에서 많은 사람들이 즐겨 먹는 음식이다. 이 밖에 우리나라에서처럼 팝콘, 핫도그, 과자, 음료수 등을 팔고 있어서 영화를 보면서 다양한 군것질을 즐길 수 있다. 가끔 우리나라의 극장에서 보면 영화를 보다가 이동전화(mobile phone)를 받는 사람을 볼 수 있는데, 미국에서는 절대로 찾아 볼 수 없는 일이다.

최근에 할리우드에서 많은 돈을 들여서 만든 대작 영화를 블록버스터라고 부른다. 블록버스터의 본래의 뜻은 한 개의 블록을 날려 버릴 만한 위력적인 폭탄이라는 뜻으로 비행기에서 투하하는 거대한 폭탄을 가리키는 말이다. 이러한 할리우드의 대작 영화를 좋아하지 않는 사람들을 위하여 많지는 않지만 예술영화를 사랑하는 사람들을 위하여 다양한 전용관들이 있다.

　미국에는 많지는 않지만 예술영화 전용관이라고 하여 오래된 명작 영화나 예술영화 등을 상영하는 극장들이 있어 영화팬들이 좋은 영화를 감상할 수 있는 기회를 가질 수 있다. 우리나라에서는 순수한 영화를 좋아하는 사람들이 많지만 그러한 문화를 즐길 수 있는 극장은 많지 않은 것 같다. 요즘 우리나라에서도 예술영화 전용관에 대한 관심이 많이 높아지고 있는 것 같은데 영화팬들을 위해 이러한 예술영화 전용관들이 가까운 시일 안에 많이 생길 수 있기를 바란다.

## 사전찾기

1. 돌아다니다 : hang around
2. 즐기다 : enjoy
3. 흥행 : big bang
4. 광고 : advertisement
5. 한 군데에 모여 있는 극장 : multiplex theater
6. 고르다 : pick out
7. 지정좌석제 : assigned seats
8. 자유좌석제 : random seats
9. 대작 영화 : blockbuster
10. 장르 : genre

# Unit.7
## ENCOURAGEMENT

격려

# Look on the bright side.

## 긍정적으로 생각하세요.

A: Try to remain optimistic about employment. Look on the bright side.

B: But I don't see any opportunity any more.

A: That attitude won't find you a job.

B: But I have already tried so hard, and it is a very disappointing situation.

A: Come on, it is not like you.

B: OK, I will accept your advice.

A: 취업에 대해서 낙관적으로 생각하도록 노력하세요. 긍정적으로 생각하세요.

B: 하지만 더 이상의 기회가 안 보입니다.

A: 그런 태도로 어떻게 취업을 하겠습니까?

B: 벌써부터 열심히 노력하고 있지만 정말 실망에 실망을 거듭합니다.

A: 힘내요, 당신답지 않네요.

B: 알았어요, 당신의 충고를 받아 드리겠습니다.

 꼭 알아두세요

bright side는 직역하면 '환한 곳, 밝은 곳' 의 뜻으로, 여기서는 '좋은 면, 긍정적인 면, 낙관적인 면' 이란 뜻으로 쓰인다.

## Vocabulary

1. remain: *v.* 변함없는 상태이다, 머무르다
   optimist: *n.* 낙관주의자
2. optimistic: *adj.* 낙관적인
   optimism: *n.* 낙관주의
3. employment: *n.* 고용, 이용
4. opportunity: *n.* 기회

## 영작 단어를 이용한 문장 만들기

주어진 내용을 이용해 다른 표현으로 바꾸어 본다.

1. Try to remain optimistic about _______________.
   ◗ 네 미래에 대해 긍정적으로 생각하도록 노력해라.
   ◗ 네 배우자에 대해 긍정적으로 생각하도록 노력해라.
   ◗ 네 자식들에 대해 긍정적으로 생각하도록 노력해라.
   ◗ 네 직업에 대해 긍정적으로 생각하도록 노력해라.

2. I will accept _______________
   ◗ 당신의 사과를 받아 들이겠습니다.
   ◗ 당신의 신용카드를 받겠습니다.
   ◗ 당신의 초대를 받아 들이겠습니다.
   ◗ 당신의 제안을 받아 들이겠습니다.

## 회화 영어로 말해 보기

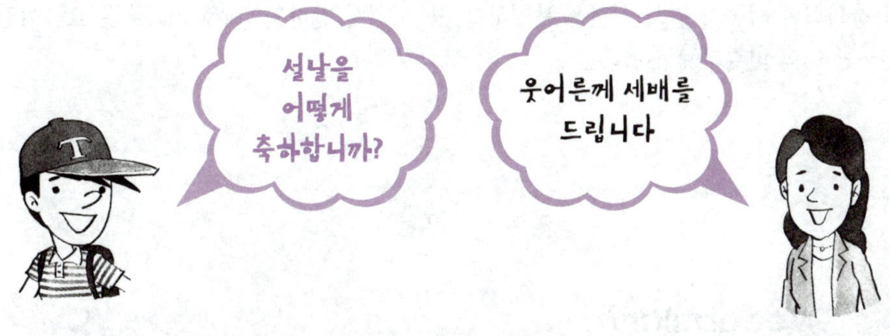


A: How do you celebrate the lunar New Year' s Day?
B: We pay our respects to elders.

 **LESSON**

# Creativity is the key to success.
## 창의력이 성공의 열쇠입니다.

A: You know what everybody says nowadays?
B: I don't know. What?
A: Creativity is the key to success.
B: I'm afraid I am not a very creative person.
A: You just have to find your hidden talents.
B: What do you think my hidden talents are?

A: 요즘 사람들이 이구동성으로 무엇이라고 하는지 아십니까?
B: 모릅니다. 뭐라고 하나요?
A: 창의력이 성공의 열쇠라고 합니다.
B: 저는 그렇게 창의적이지 못해서 걱정이 됩니다.
A: 숨겨진 재능을 발견해야 합니다.
B: 제 숨겨진 재능이 뭐라고 생각하십니까?

### 꼭 알아두세요

"Resource is limited, but creativity is unlimited." 자원은 한정되어 있지만, 창의력은 무제한이다. 이처럼 창의력이 성공의 열쇠인 것은 분명하다. 또 여기서 말하는 'nowadays'은 요즘이란 뜻으로 these days와 비슷하게 쓰인다.

 **Vocabulary**

1. creativity: *n.* 창의
   create: *v.* 창의하다, 창조하다
   creature: *n.* 피조물
2. nowadays: *adv.* 오늘날에는

## 영작 단어를 이용한 문장 만들기

주어진 내용을 이용해 다른 표현으로 바꾸어 본다.

1. I'm afraid I am not a very ___________ person.
   - 저는 그렇게 개인적이지 못해서 걱정이 됩니다.
   - 저는 그렇게 독립적이지 못해서 걱정이 됩니다.
   - 저는 그렇게 강한 사람이 아니라 걱정이 됩니다.
   - 저는 그렇게 경험이 많은 사람이 아니라 걱정이 됩니다.

2. You just have to find your ___________.
   - 당신은 숨겨진 가능성을 발견해야 합니다.
   - 당신은 자신의 길을 찾아야 합니다.
   - 당신은 자신의 적성을 찾아야 합니다.
   - 당신은 자신의 후원자를 찾아야 합니다.

## 회화 영어로 말해 보기

A: I'm so nervous about my job interview.
B: I'm sure you'll do fine.

# Every dog has his day.
## 쥐구멍에도 볕들 날 있다.

**A: Why the long face?**

**B: I failed again.**

**A: Oh, you'll pass it next time. Remember** "Every dog has his day."

**B: What a nice saying!**

**A: Why don't you put all of your effort on it?**

**B: It is easier said than done.**

A: 무슨 안 좋은 일이 있습니까?

B: 시험에 또 떨어졌습니다.

A: 다음엔 잘될 것입니다. "쥐구멍에도 볕들 날이 있다."고 하지 않습니까?

B: 정말 위로가 되는 좋은 말이네요.

A: 최선을 다해 보세요.

B: 말이야 쉽지요.

### 꼭 알아두세요

long face는 흔히 쓰는 표현인데 여기서의 뜻은 '긴 얼굴'이 아닌 '우울한 얼굴, 실망한 표정'이다.

## Vocabulary

| | |
|---|---|
| 1. fail: *v.* 실패하다, 낙제하다 | 2. effort: *n.* 노력 |

##  영작  단어를 이용한 문장 만들기

주어진 내용을 이용해 다른 표현으로 바꾸어 본다.

1. What a nice ______________!
   ◐ 정말 좋은 날씨입니다.
   ◐ 정말 좋은 장소입니다.
   ◐ 정말 좋은 날입니다.
   ◐ 정말 좋은 선물입니다.

2. You'll ____________ next time.
   ◐ 다음에 파악할 수 있을 것입니다.
   ◐ 다음에 목적을 달성할 수 있을 것입니다.
   ◐ 다음에 좋은 기회를 잡을 수 있을 것입니다.
   ◐ 다음에 인터뷰에 통과할 수 있을 것입니다.

## 회화  영어로 말해 보기

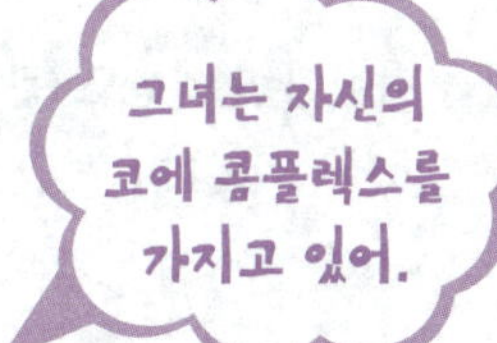

A: She feels inferior to her nose.
B: I think she just feels inferior a little to her status as a minority student.

# 74 LESSON

## We can live up to our dreams if we do our best.
## 최선을 다하면 이상을 실현할 수 있습니다.

A: Why are you working so hard?

B: We can live up to our dreams if we do our best.

A: You're right.

B: I think it is very important to be diligent and to attempt everything to the best of our abilities.

A: You sure have a positive philosophy.

B: Thank you for your compliment.

A: 왜 그렇게 열심히 일하십니까?

B: 최선을 다하면 이상을 실현할 수 있습니다.

A: 당신 말이 맞습니다.

B: 자신의 능력을 최대한 발휘하려고 부지런히 노력하는 것은 매우 중요하다고 생각합니다.

A: 당신은 정말 긍정적인 철학을 가지고 있네요.

B: 칭찬해 주셔서 고맙습니다.

### 꼭 알아두세요

We can live up to if we do our best.라고 하면 '최선을 다한다면 이상도 (문제 없이) 실현할 수 있다.'가 된다. 여기서 You're right.라고 하면 단순히 당신 말이 맞다는 뜻으로도 쓸 수 있지만, 상대방이 잘난 척 할 때 비아냥거리는 투로 You're right.라고 하면 "그래 너 잘났다."의 뜻으로도 사용할 수 있다. 이 때 억양에 주의할 것!

## Vocabulary

1. diligent: *adj.* 부지런한
2. attempt: *v.* 시도하다
3. philosophy: *n.* 철학
4. compliment: *n.* 칭찬, 찬사

## 영작  단어를 이용한 문장 만들기

주어진 내용을 이용해 다른 표현으로 바꾸어 본다.

1. I think it is very important to be ____________.
   ◑ 능률적으로 일하는 것은 매우 중요합니다.
   ◑ 자신의 잘못을 인정하는 것은 매우 중요합니다.
   ◑ 타인의 잘못을 용서해 주는 것은 매우 중요합니다.
   ◑ 자신의 실력을 평가하는 것은 매우 중요합니다.

2. You sure have ________________.
   ◑ 당신은 확실히 좋은 친구들이 많이 있습니다.
   ◑ 당신은 확실히 온순한 기질이 다분합니다.
   ◑ 당신은 확실히 패션 감각이 있습니다.
   ◑ 당신은 확실히 육감이 발달되었습니다.

## 회화  영어로 말해 보기

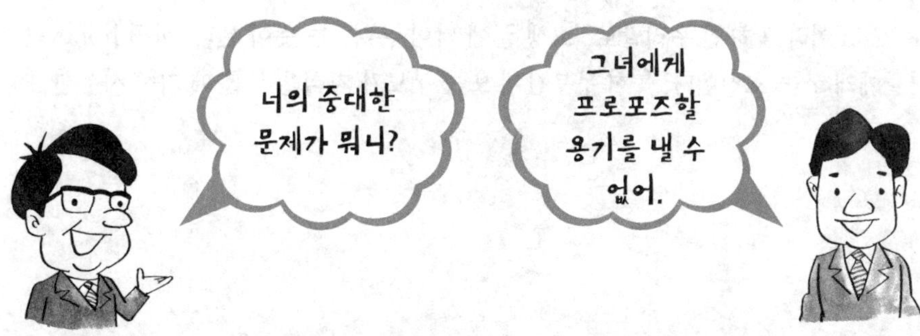


A: What's your big problem?
B: I can't find the nerve to propose to her.

# No pain, no gain.
## 고생 끝에 낙이 온다.

A: Mom, why do I have to study mathematics?

B: You need mathematics to get into engineering.

A: But it's too hard.

B: Listen, honey. No pain, no gain.

A: But what if I try my hardest, and I am still no good at Mathematics?

B: How will you know if you don't try?

A: 엄마, 왜 수학을 공부해야 되죠?

B: 공학을 공부하려면 수학이 필요하단다.

A: 너무 어려워요.

B: 애야, 고생 끝에 낙이 오는 거란다.

A: 그런데 열심히 했는데도 여전히 수학을 못 하면요?

B: 해보지 않고 어떻게 아니?

### 꼭 알아두세요

No pain, no gain.이라고 하면 우리말로 '고생 끝에 낙이 온다.' 는 뜻이 된다. 한편 honey는 연인이나 자녀들에게 쓰는 호칭이다. 특히 부부간에 또는 부모가 자식을 부를 때 자주 사용한다.

## Vocabulary

1. engineering: *n.* 공학
2. engineer: *n.* 엔지니어, 공학도
3. degree: *n.* 한 단계, 정도, 학위

 단어를 이용한 문장 만들기

주어진 내용을 이용해 다른 표현으로 바꾸어 본다.


1. You need _________ to get into ____________.
   ◑ 의과 공부를 하려면 해부학이 필요하단다.
   ◑ 체대에 들어가려면 영양학이 필요하단다.
   ◑ 경영학을 공부하려면 통계학이 필요하단다.
   ◑ 교육학을 공부하려면 심리학이 필요하단다.

2. why do I have to ___________?
   ◑ 제가 왜 재시험을 봐야 합니까?
   ◑ 제가 왜 대학을 가야 합니까?
   ◑ 제가 왜 의사가 되어야 합니까?
   ◑ 제가 왜 그들을 책임져야 합니까?


 영어로 말해 보기

A: His yelling at me is not easy to take.
B: Don't let it get to you.

# It looks inviting!
## 매혹적이네요.

A: Don't forget that I haven't eaten since early this morning.
B: Well, there we are. All set for lunch.
A: It looks inviting!
B: I wish grandpa would get here. I'm starving.
A: Don't be so impatient!
B: I'm sorry, but I haven't eaten since early this morning.

A: 잊지 말아요. 할아버지께서 오늘 우리와 함께 점심식사를 하시기 위해서 이 곳에 오실 거에요.
B: 음, 다 됐어요. 점심식사 준비가 다 되었어요.
A: 매혹적이네요.
B: 할아버지께서 도착하셨으면 좋겠네요. 너무 배고파요.
A: 참을성이 있어야지요.
B: 미안해요, 그런데 오늘 아침 일찍부터 아무것도 못 먹었어요.

### 꼭 알아두세요

invite는 '초대하다, 요구하다' 라는 뜻으로 주로 사용되지만 여기에서는 attractive, 즉 '매혹적인, 끌리는' 의 뜻으로 사용되었다. **The quite invites sleep.**이라고 하면 '조용함이 잠을 부른다.' 라는 표현이 된다. 한편 there we are.는 상황에 따라 다른 의미로 해석되지만 여기에서는 '준비가 다 되었다.' 는 뜻이다.

## Vocabulary

1. grandpa: *n.* 할아버지 = grandfather
2. starve: *v.* 굶주리다
3. impatient: *adj.* 참을성 없는

## 영작  단어를 이용한 문장 만들기

주어진 내용을 이용해 다른 표현으로 바꾸어 본다.

1. It looks ___________.
   - 까다로워 보입니다.
   - 복잡해 보입니다.
   - 어린이용 동화 같습니다.
   - 변덕스러워 보입니나.

2. I haven't __________ since early this morning.
   - 오늘 아침 일찍부터 그를 보지 못했다.
   - 오늘 아침 일찍부터 신문을 읽지 못했다.
   - 오늘 아침 일찍부터 세미나에 참석하지 못했다.
   - 오늘 아침 일찍부터 친구와 연락을 하지 못했다.

## 회화  영어로 말해 보기

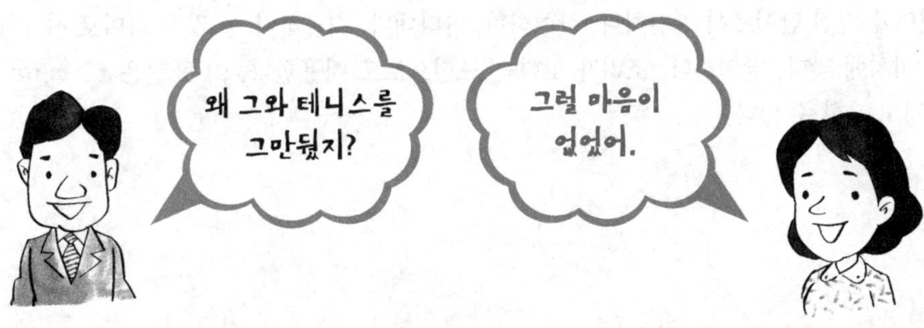


A: Why did you stop playing tennis with him?
B: My heart wasn't in it.

# That figures!
## 그것은 말이 됩니다.

A: **Who won the game?**
B: **Tiger Woods won consecutive victories.**
A: **That figures!**
B: **I think so too.**
A: **He is such a nice golfer.**
B: **I want my son to be like him.**

A: 누가 그 경기에서 이겼습니까?
B: 타이거 우즈가 연승을 거두었습니다.
A: 그것은 말이 됩니다.
B: 저도 그렇게 생각합니다.
A: 그는 정말 훌륭한 골프 선수입니다.
B: 저도 그렇게 생각합니다.

### 꼭 알아두세요

'그것은 당연하다, 그건 말이 됩니다' 라는 표현으로 That figures!를 사용할 수 있다. figure는 다양한 의미를 가진 단어로서 계산하다, 장식하다, 나타내다, 비유하다 등 많은 의미로 사용할 수 있으며 이치에 맞다, 당연하다, 조리가 맞다는 표현으로도 사용한다. 이 표현은 **That makes sense.**라고도 할 수 있다.

## Vocabulary

1. consecutive: *adj.* 연속되는
2. golfer: *n.* 골프 선수
3. figure: *v.* ~을 계산하다
   *n.* 그림, 도형, 숫자

## 영작 단어를 이용한 문장 만들기

주어진 내용을 이용해 다른 표현으로 바꾸어 본다.

1. I want my son to __________.
   - 나는 내 아들이 나와 같이 되기를 바랍니다.
   - 나는 내 아들이 이번에 우승을 하기를 바랍니다.
   - 나는 내 아들이 변호사가 되기를 바랍니다.
   - 나는 내 아들이 독립적이기를 바랍니다.

2. He is such a nice ______________.
   - 그는 정말 좋은 아버지입니다.
   - 그는 정말 좋은 화가입니다.
   - 그는 정말 좋은 예술가입니다.
   - 그는 정말 좋은 도우미입니다.

## 회화 영어로 말해 보기

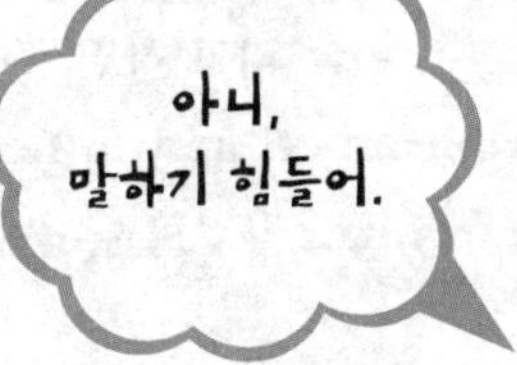

A: You look down, anything wrong?
B: No, it is hard to tell you.

# I'm available whenever you need me.

## 당신이 필요로 할 때는 언제든지 시간을 낼 수 있습니다.

**A: I have something to tell you privately.**

**B: I'm available whenever you need me.**

**A: That is a very kind thing to say.**

**B: So when would you like to get together and talk about it?**

**A: Let's meet at the bar after dinner.**

**B: OK. See you there.**

A: 당신에게 개인적으로 드릴 말씀이 있습니다.

B: 당신이 필요로 할 때는 언제든지 시간을 낼 수 있습니다.

A: 그렇게 말씀해 주시니 감사합니다.

B: 언제 만나서 얘기하면 되겠습니까?

A: 저녁식사 후 바에서 만납시다.

B: 좋습니다. 거기에서 만납시다.

### 꼭 알아두세요

여기에서 주의할 점은 I'm possible whenever you need me.라고 하면 안 된다는 점이다. He's not available right now. 라고 하면 '지금은 그와 통화할 수 없다.' 라는 표현이다. 비슷한 표현으로 I'm available any time you need me. 또는 I'm ready when you are. / I'm there for you, day or night.라고도 할 수 있다.

 ## Vocabulary

1. private: *adj.* 특정한 개인의, 사유의
   *n.* 병졸

privately: *adv.* 개인적으로

2. available: *adj.* 쓸모 있는, ~이 가능한

## 영작 단어를 이용한 문장 만들기

주어진 내용을 이용해 다른 표현으로 바꾸어 본다.

1. I'm available ________________________.
   ○ 아침 9시부터 오후 3시까지 시간을 낼 수 있습니다.
   ○ 사무실에 계속 있을 예정입니다.
   ○ 오후 이후로 언제든지 제 시간을 낼 수 있습니다.
   ○ 저는 늘 시간이 괜찮습니다.

2. I have something to tell you ________________.
   ○ 당신에게 개인적으로 말할 것이 있습니다.
   ○ 당신에게 나중에 말할 것이 있습니다.
   ○ 당신에게 비밀로 말할 것이 있습니다.
   ○ 당신에게 미리 말할 것이 있습니다.

## 회화 영어로 말해 보기

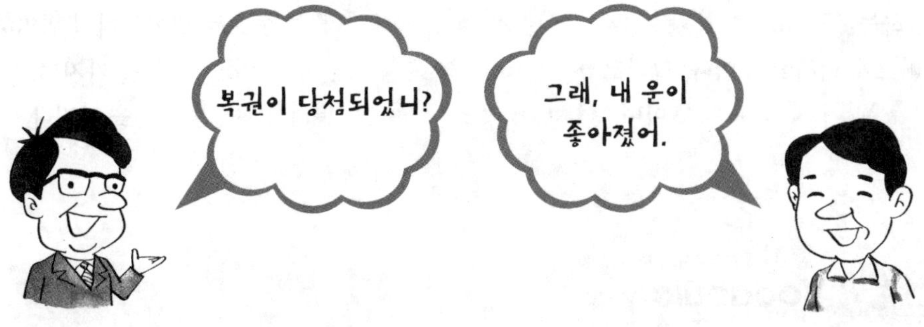


A: Did you win the lottery?
B: Yes, My luck has changed for the better.

# Hey, just go for it!
## 부딪쳐 봐!

A: I feel nervous. I really want to ask Dana to go out with me,
   but what if she says no.
B: Don't worry, just go for it.
A: I will feel embarrassed if she refuses.
B: You might regret it later on if you do not ask.
A: I wonder how she might feel about me.
B: Don't hesitate.

A: 아, 떨려. 데이나하고 데이트하고 싶은데 만약 'NO' 하면 어쩌지?
B: 걱정말고 부딪쳐 봐.
A: 만약 그녀가 거절한다면 창피할 거야.
B: 만약 물어보지 않으면 나중에 후회할지 몰라.
A: 그녀가 나에 대해 어떻게 느낄지 궁금해.
B: 망설이지 마.

### 꼭 알아두세요

여기서 말하는 'Go for it'의 뜻은 많으나, 보통 '무엇을 해봐라'는 뜻으로 받아들이면 번역하기 쉽고 빠르게 이해될 것이다. 그리고 nervous는 '신경성의, 신경질 내는'의 뜻을 가지며, go out 은 '(이성과) 교제하다'란 뜻이며, what if ~ ?는 '~하면 어떻게 될까?'라는 뜻을 가진다.

 **Vocabulary**

1. pray: *v.* 청하다, 기도하다
   prayer: *n.* 간청, 기도
2. regret: *v.* 후회하다
   regretul: *adj.* 후회스러운
3. hesitate: *v.* 망설이다

## 영작  단어를 이용한 문장 만들기

주어진 내용을 이용해 다른 표현으로 바꾸어 본다.

1. I will feel embarrassed if ____________________.
   - 그가 나타나지 않으면 당황할 것입니다.
   - 그가 전화를 주지 않으면 당황할 것입니다.
   - 나는 길을 잃어 버리면 당황할 것입니다.
   - 나는 고객들의 이름을 잃어 버리면 당황할 것입니다.

2. I wonder how ______________________.
   - 이 PDA를 어떻게 사용하는지 궁금합니다.
   - 그녀가 나를 얼마나 좋아하는지 궁금합니다.
   - 중국으로 가는 저렴한 비행기 티켓을 어떻게 사야 하는지 궁금합니다.
   - 김치를 어떻게 만드는지 궁금합니다.

## 회화  영어로 말해 보기

A: Jason finished half of the work before two o' clock
B: Way to go! Keep up the good work.

# Spare the rod and spoil the child.

## 매를 아끼면 자식을 망친다.

**A: What are you worrying about?**

**B: My children caused trouble.**

**A: Spare the rod and spoil the child.**

**B: Home education is not so easy.**

**A: I know it is not easy, but the rewards can be very great.**

**B: Try telling that to my children!**

---

A: 무엇을 근심하고 계십니까?

B: 우리 아이들이 말썽을 부립니다.

A: 매를 아끼면 자식을 망칩니다.

B: 가정 교육이라는 것이 그렇게 쉽지 않습니다.

A: 가정 교육이 그리 쉽지는 않다는 것을 압니다. 하지만 그만한 대가가 있습니다.

B: 그것을 아이들에게 말하기란!

---

### 🥕 꼭 알아두세요

rod는 막대기, 가지, 회초리, 낚싯대 등 많은 뜻을 가지고 있다.

'~를 매질하다' 는 give someone a rod라고 표현한다.

한편 커튼 봉은 curtain rod라고 한다.

## Vocabulary

1. spare: *v.* 남을 용서하다, 수고를 아끼다, 인정을 베풀다
2. rod: *n.* (가느다랗고 긴) 막대, 장대
3. spoil: *v.* 망쳐놓다

## 영작 단어를 이용한 문장 만들기

주어진 내용을 이용해 다른 표현으로 바꾸어 본다.

1. _____________________ is not so easy.
   - 케이크를 만드는 것이 정말 쉽지 않습니다.
   - 사진 찍는 것이 정말 쉽지 않습니다.
   - 영어를 배우는 것이 정말 쉽지 않습니다.
   - 여름에 사무실에서 일하는 것은 정말 쉽지 않습니다.

2. My children ___________________.
   - 우리 아이들은 부모에게 말대꾸를 하지 않습니다.
   - 우리 아이들은 부모 말을 잘 듣습니다.
   - 우리 아이들은 모험을 좋아합니다.
   - 우리 아이들은 거의 문제를 일으키지 않습니다.

## 회화 영어로 말해 보기

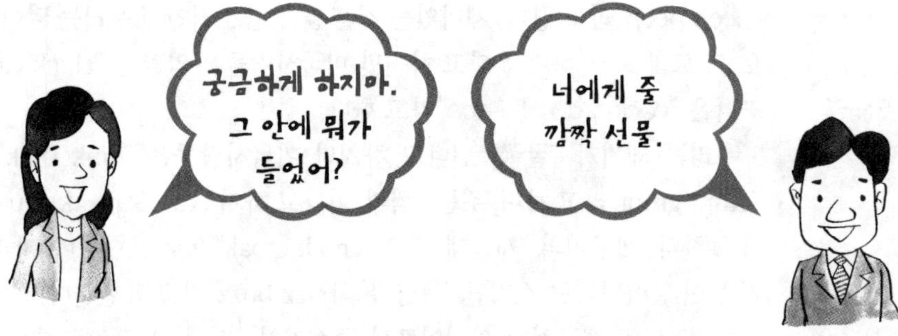


A: Don't keep me in curiosity. What's in it?
B: I have a surprise for you.

# 미국에서는 소리를 어떻게 표현할까?

오늘은 미국에서 사용하는 다양한 소리를 표현하는 법, 즉 의성어(Echoic words)에 대하여 알아 보도록 하겠다.

자연의 소리를 말이나 글자로 표현할 때, 같은 소리이지만 그것을 표현하는 것은 언어마다 차이가 있는 것 같다. 예를 들어 우리는 강아지가 "멍멍, 깨갱, 왈왈" 짖는다고 표현하지만 미국사람들은 "bow wow" 짖는다고 표현한다.

우선 대표적인 것으로 동물들의 울음소리를 알아 보도록 하겠다.

우리는 고양이가 "야옹" 하고 운다고 표현하지만 미국사람들은 "mew mew"로 표현한다. 또 곰의 경우 우리는 "어웅~" 하고 운다고 하지만 미국사람들은 "wuff wuff"라고 한다. 까마귀는 "까악 까악" 하고 운다고 하지만 "caw caw"로 표현한다. 우리는 오리가 "꽥꽥" 운다고 하는데, 미국사람들은 "quack quack" 운다고 한다. 우리의 경우 소는 "음메~"로 그 울음소리를 표현하지만 미국사람들은 "moo moo"로 표현한다. 약간씩 차이가 있기는 하지만 그래도 지금까지의 예들은 매우 비슷한 것에 속한다고 할 수 있다.

새가 "짹짹" 거리는 소리는 "twitter", 병아리가 "삐약삐약" 하는 것은 "peep peep"라고 한다. 재미있는 것은 닭 울음소리인데 우리는 닭이 "꼬끼오, 꼬꼬댁 꼬꼬" 하며 운다고 하지만 미국사람들은 암탉은 "cluck cackle", 수탉은 "cock-a-doodle-doo"라고 한다.

우리는 돼지가 "꿀꿀" 댄다고 하지만 미국사람들은 "oink oink" 또는 "grunt grunt"라고 하며, 쥐는 "찍찍" 이라고 하지 않고 "squeak squeak" 이라고 한다. 개구리의 "개굴개굴" 은 "croak croak" 으로 표현하며, 파리나 모기 등이 날아다니는 소리인 "애앵" 은 "buzz buzz" 라고 표현한다.

이 밖에 또 대표적인 의성어로서 종소리인 "땡땡" 은 "ding-a-ling" 으로, 시계소리인 "째깍째깍" 은 "tick tack" 이라고 표현한다.

만화 등에 자주 등장하는 의성어인 총소리는 "bang bang" 이라고 하며,

때리는 소리인 "철썩"은 "smash"라고 한다. 주먹 등으로 얻어 맞는 소리인 "퍽 퍽"은 "wham wham"이라고 하며, 잠자는 소리인 "쿨 쿨"은 "z z z", 심장이 "두근두근" 하는 것은 "pit-a-pat", 병마개를 따는 소리인 "퐁"은 "pop" 또는 "cloop", 그릇 깨지는 소리인 "쨍그랑"은 "clank"라고 한다.

  이처럼 사물의 소리를 나타내는 데에는 문화나 언어마다 많은 차이가 있는 것 같다. 어려운 영어 단어를 많이 아는 것도 중요하지만 이렇게 일상 생활 속에서 흔히 사용되는 의성어나 단어들을 알아두는 것도 영어를 제대로 구사하는데 많은 도움이 될 것이다.

## 사전찾기

1. 의성어 : Echoic words
2. 강아지 : "멍멍" / "bow wow"
3. 고양이 : "야옹" / "mew mew"
4. 곰 : "어웅~" / "wuff wuff"
5. 까마귀 : "까악 까악" / "caw caw"
6. 소 : "음메" / "moo moo"
7. 병아리 : "삐약삐약" / "peep peep"
8. 돼지 : "꿀꿀" / "oink oink"
9. 문화 차이 : cultural difference
10. 일상 속 : daily life

# Unit.8
## ADVICE AND REQUEST
### 충고 및 오청

# Will you put yourself in my place?
## 내 입장이 되어 보세요.

**A: Hey, Mr! You can't sell hotdogs here. It's private property.**

**B: Oh, come on, will you put yourself in my place? I have a family to feed.**

**A: Well why don't you get a legitimate job?**

**B: It is very difficult to get a decent job these days.**

**A: Do you think so?**

**B: I mean it.**

A : 아저씨, 여기서 핫도그를 팔면 어떻게 해요? 여기는 개인 소유지라구요.

B : 너무 그러지 마쇼. 내 입장이 되어 보슈. 난 가족을 먹여 살려야 한다구요.

A: 그럼, 합법적인 일을 하지 그래요?

B: 요즘 괜찮은 직장 구하기가 하늘의 별따기에요.

A: 그렇게 생각해요?

B: 진심이에요.

### 🥕 꼭 알아두세요

직역하면 너 자신(yourself)을 내 위치(my place)에 두다(put in)가 된다. 즉 '내 입장이 되어 보세요.' 라는 뜻이다. 그리고 여기서 Feed는 '먹을 것을 주다, 공급하다, 부양하다' 의 뜻으로 쓰였다.

## Vocabulary

1. property: *n.* 재산, 소유물, 소유권
2. feed: *v.* ~에게 먹이를 주다, 먹이다
3. legitimate: *adj.* 합법의
4. decent: *adj.* 제대로 된, 괜찮은

주어진 내용을 이용해 다른 표현으로 바꾸어 본다.


1. It's ____________________.
   ◑ 이것은 불법입니다.
   ◑ 이것은 말도 안 됩니다.
   ◑ 이것은 거짓입니다.
   ◑ 이것은 국가 소유입니다.


2. It is very difficult to ____________________ these days.
   ◑ 요즘에 돈 버는 것이 매우 어렵습니다.
   ◑ 요즘에 미국에 이민 가는 것이 매우 어렵습니다.
   ◑ 요즘에 친구를 사귀는 것이 매우 어렵습니다.
   ◑ 요즘 교회에 다니는 것이 매우 어렵습니다.


회화   영어로 말해 보기

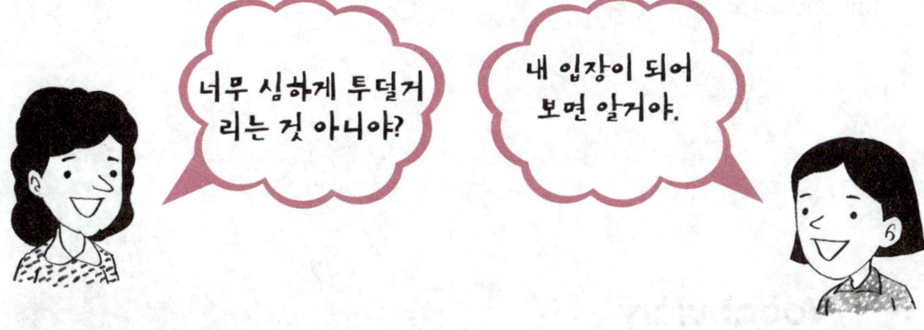


A: Don't you think you are complaining too much?
B: You would understand if you put yourself in my place.

# Your fly is open.
## 바지 지퍼가 열렸습니다.

A: Uh… John, your fly is open.

B: Oh, my gosh! Thanks. I gotta be careful from now.

A: It happens to all of us at some time!

B: I know, but how embarrassing!

A: As I said, it could happen to anyone.

B: Bye the way, do you think anybody else noticed it?

A: 어, 존. 너 남대문 열렸어.

B: 헉, 이럴 수가. 고마워. 이제부터는 조심해야겠는걸.

A: 때때로 누구나 그럴 수 있지.

B: 알아, 하지만 정말 부끄럽지!

A: 말했듯이 누구나 그럴 수 있어.

B: 그나 저나, 다른 사람들이 눈치 챈 것 같지 않아?

### 꼭 알아두세요

원래 fly는 '날다, 파리' 등의 뜻을 갖지만, 속어로 '바지 지퍼'의 뜻이 있다. 비슷한 표현으로 "Your fly is undone." 라고 할 수 있다.

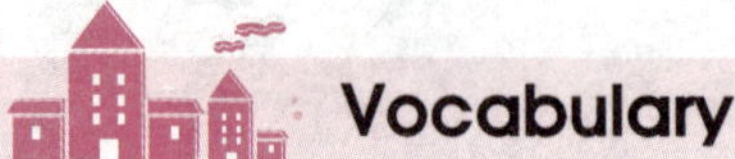

## Vocabulary

1. fly: *v.* 날다  *n.* 파리, 바지 지퍼
2. gosh: *interj.* (놀라서) 어이쿠, 야단났군!
3. embarrass: *v.* 당황하게 하다, 당황하다
4. notice: *v.* 알아차리다, 주목하다

주어진 내용을 이용해 다른 표현으로 바꾸어 본다.

1. How ______________ he is!
   - 그는 정말 믿음직스럽군!
   - 그는 정말 변덕이 심하군!
   - 그는 정말 솔직하군!
   - 그는 정말 수다스럽군!

2. ___________________ open.
   - 당신 지갑이 열렸습니다.
   - 당신 서류 가방이 열렸습니다.
   - 당신 집 창문이 열렸습니다.
   - 당신 자동차 트렁크가 열렸습니다.

## 회화 영어로 말해 보기

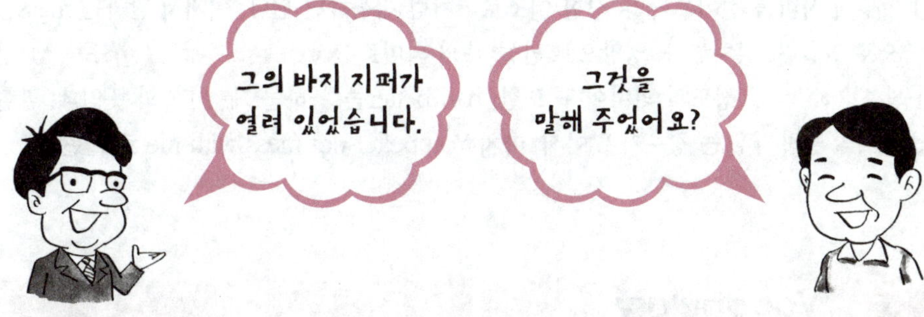


A: His fly was opened.
B: Did you tell him that?

# You'd better not mess with me.
## 까불지 마세요.

**A: Hey, babe, wanna have some fun with me tonight?**

**B: You'd better not mess with me.**

**A: I didn't mean to be impolite.**

**B: That's OK, I'm just not in a very good mood.**

**A: You are kind of picky, huh?**

**B: I told you just stay away from me.**

A: 아가씨, 오늘 밤 나하고 재미있게 놀아 보죠?

B: 수작 부리지 마세요.

A: 무례하게 대하려고 한 것은 아니었습니다.

B: 괜찮아요, 그냥 기분이 안 좋아서 그래요.

A: 까다롭게 굴지 말아요?

B: 말했지요, 그냥 저리 가세요.

### 꼭 알아두세요

예문에서 A의 지문은 굉장히 속어적인 표현이므로 함부로 사용하면 절대 안 된다. 만약 짓궂은 외국인이 이렇게 시비를 걸어온다면, 강한 어조로 B처럼 대꾸하면 된다. 여기서 말하는 mess는 '뒤죽박죽으로 만들다, 망쳐놓다, 엉망으로 만들다'의 의미로 **Don't mess with me.**는 "날 건드리지마(화나게 하지마)" 정도의 의미이다. 또한, had better는 '~하는 게 좋다'의 뜻인데, 말할 때는 had를 거의 말하지 않는 경우가 많아서, 마치 You better not mess with me.로 들린다.

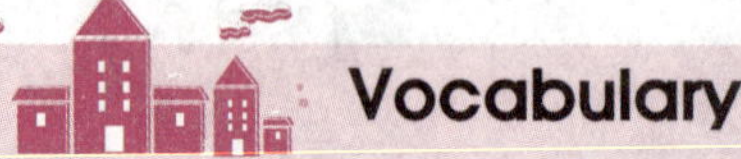

## Vocabulary

1. mess: *v.* 난잡하다, 망쳐놓다, 참견하다
   *n.* 난잡

2. impolite: *adj.* 무례한

3. picky: *adj.* 까다로운

주어진 내용을 이용해 다른 표현으로 바꾸어 본다.


1. I did not mean to ________________.
- 일부러 당신의 마음을 상하게 하려고 한 것은 아니었습니다.
- 일부러 자동차 사고를 낸 것이 아니었습니다.
- 일부러 그에게 접근한 것은 아니었습니다.
- 일부러 혼자였던 것은 아니었습니다.


2. You are kind of ________.
- 당신은 용기가 많은 편입니다.
- 당신은 신념이 강한 편입니다.
- 당신은 재주가 많은 편입니다.
- 당신은 매우 사교적인 편입니다.


회화 영어로 말해 보기

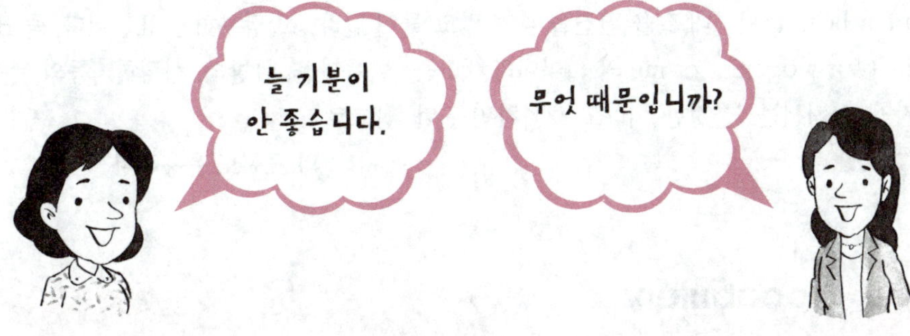


A: I am always under the weather.
B: What have you made depressed?

# Give me a fair hearing.
## 제 말을 편견 없이 들어 주세요.

**A: What's your opinion on that issue?**

**B: I think that the politician's actions were wrong.**

**A: You don't like him?**

**B: Give me a fair hearing. It's not a matter of whether I like him or not.**

**A: I think it is very hard to judge the actions of others.**

**B: But he is a public figure, and that is what he is paid for.**

A: 그 건에 대한 당신의 의견은 어때요?

B: 그 정치인의 행동은 잘못됐어요.

A: 당신은 그를 싫어하나요?

B: 제 말을 편견 없이 들어 주세요. 이건 내가 그를 좋아하고 안 하고의 문제가 아니에요.

A: 다른 사람의 행동을 판단한다는 것은 매우 어렵다고 생각합니다.

B: 그는 공인입니다. 그러므로 그만한 대가를 치르고 있는 것입니다.

 꼭 알아두세요

Give me a fair hearing.은 "내 말을 편견을 갖지 말고 들어 달라."고 당부하는 표현이다. 즉 Be objective in your judgment of me.의 의미이다. fair는 '아름다운, 금발의, 상당한' 등의 뜻을 가지고 있지만, 여기서는 '공정한' 이라고 해석하면 된다. 참고로 hearing은 '청문회' 의 의미로도 쓰인다. It's not a matter of ~ '그것은 ~의 문제가 아니다' 의 표현도 유용하다.

## Vocabulary

1. opinion: *n.* 의견, 소신
2. issue: *n.* 논점, 쟁점, 간행물
3. politician: *n.* 정치가
4. fair: *adj.* 공평한, 평균정도의, 아름다운
5. judge: *v.* 판단하다   *n.* 판사
6. public figure: *n.* 공인

## 영작 단어를 이용한 문장 만들기

주어진 내용을 이용해 다른 표현으로 바꾸어 본다.

1. It's not a matter ___________________________.
   - 시간 문제가 아닙니다.
   - 돈 문제가 아닙니다.
   - 어디에 가느냐가 문제가 아닙니다.
   - 결혼을 하느냐 마느냐 하는 문제가 아닙니다.

2. I think it is very hard to ___________________________.
   - 이것을 타협하기 매우 어려울 것 같습니다
   - 이것을 부모님과 의논하기 매우 어려울 것 같습니다.
   - 문제를 해결하는 것이 매우 어려울 것 같습니다.
   - 이것을 숨기는 것이 매우 어려울 것 같습니다.

## 회화 영어로 말해 보기

A: Don't you think politicians should be cautious about speaking and acting.
B: Of course, because they are public figures.

# Over my dead body!
## 내 눈에 흙이 들어가기 전엔 어림없다!

A: Money has nothing to do with love.

B: What are you talking about?

A: I love her and I'm going to marry her.

B: Over my dead body!

A: What is your problem with that?

B: I just don't think it is a good arrangement.

A: 돈은 사랑과 아무 상관이 없습니다.

B: 무슨 말을 하는 것이냐?

A: 전 그녀를 사랑합니다. 그녀와 결혼할 겁니다.

B: 내 눈에 흙이 들어가기 전엔 어림없다!

A: 뭐가 문제입니까?

B: 그저 어울리지 않는다고 생각해.

### 꼭 알아두세요

아들의 결혼을 반대하는 어머니와 아들 간의 대화로 보인다. 강한 반대를 표현할 때, 우리말에 "내 눈에 흙이 들어가기 전에는 절대 안 된다."는 표현이 있는데, 이를 영어로 하면 바로 "Over my dead body!"가 된다. 이와 유사한 표현으로 Not on your life!, Don't ever think about it!, Not if I have anything to say about it! 등이 있다.

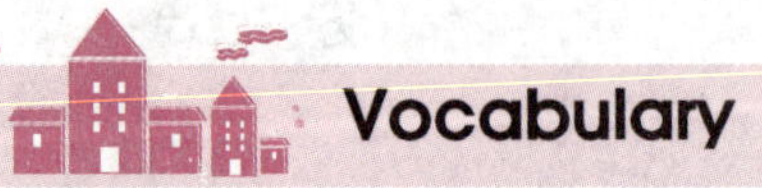

### Vocabulary

1. arrangement: *n.* 배열, 정리, 만남

주어진 내용을 이용해 다른 표현으로 바꾸어 본다.

1. _______________ has nothing to do with _______________.
   - 그녀는 그와 상관이 없습니다.
   - 행복과 돈은 상관이 없습니다.
   - 성공과 고향은 상관이 없습니다.
   - IBM은 Apple과 상관이 없습니다.

2. I just don't think _______________________.
   - 이것은 최선의 방법이 아닌 것 같습니다.
   - 그것은 옳은 방법이 아닌 것 같습니다.
   - 의도적인 것 같지 않습니다.
   - 그녀는 아픈 것 같지 않습니다.

회화　영어로 말해 보기

A: It has nothing to do with my parents.
B: You should be obedient to your parents.

# Don't talk back to me.
## 말대꾸하지 마세요.

**A: Never tell a lie again.**

**B: I can give you a convincing explanation.**

A: Don't talk back to me. Nothing can excuse your action.

**B: I'm so sorry.**

A: Apologizing won't reverse what you have done.

**B: I know, but I do regret my actions.**

A: 다시는 거짓말하지 말아요.

B: 제게는 납득시킬 만한 이유가 있어요.

A: 말대꾸하지 마세요. 어떤 이유로도 당신의 잘못을 변명할 수는 없어요.

B: 정말 미안합니다.

A: 사과한다고 잘못이 없어지지는 않을 것입니다.

B: 알아요. 하지만 제 행동에 진심으로 반성하는 바입니다.

### 꼭 알아두세요

Don't talk back to me.라고 하면 "나에게 말대꾸하지 마세요."라는 뜻이다. talk back은 뒤에서 말한다는 뜻이 아니라 '말대꾸하다' 또는 '무선으로 교신하다' 라는 뜻이다. 다른 표현으로는 **give someone a retort, give a back answer, contradict** 등이 있다. 한편 a convincing explanation은 '납득할 만한(설득력 있는) 변명' 의 뜻이다. **Nothing can excuse your action.** '어떤 변명도 소용없다.' 의 표현도 꼭 기억!!

## Vocabulary

1. convince: *n.* 설득하다
2. explanation: *n.* 설명, 해설
3. apologize: *v.* 사과하다
4. reverse: *adj.* 반대의
5. regret: *v.* 후회하다

 **단어를 이용한 문장 만들기**

주어진 내용을 이용해 다른 표현으로 바꾸어 본다.

1. Nothing can _________________________.
   ◑ 아무것도 비밀을 지켜줄 수 없다.
   ◑ 아무것도 나를 다치게 할 수 없다.
   ◑ 아무것도 내 기대를 저버릴 수 없다.
   ◑ 아무것도 하나님을 능가할 것이 없다.

2. _____________________ what you have done.
   ◑ 네가 한 행동을 점검해 보아라.
   ◑ 네게 한 행동을 돌아보아라.
   ◑ 네가 한 행동을 지켜보아라.
   ◑ 네가 한 행동을 후회하지 말아라.

회화 **영어로 말해 보기**

A: Why did you tell a lie to me?
B: I did not want to break a promise.

# You should talk sense with them.
## 그 사람들하고 있을 때는 분별 있게 말을 해야 합니다.

**A: I had a meeting with the teachers.**

**B: How was the meeting?**

**A: They don't laugh at all.**

**B: You should talk sense with them.**

**A: I was only trying to see the best in the situation.**

**B: There is a time and a place for everything.**

A: 선생님들과 회의가 있었습니다.

B: 회의는 어떠했습니까?

A: 그들은 전혀 웃지 않았습니다.

B: 그 사람들하고 있을 때는 분별 있게 말을 해야 합니다.

A: 그 상황에서 가장 좋은 것을 보려고 노력했습니다.

B: 누울 자리를 보고 자리를 뻗어야 합니다.

### 꼭 알아두세요

You should talk sense with them.이라고 하면 '그 사람들하고 있을 때는 분별 있는 말을 해야 합니다.' 라는 표현이 된다. sense는 '감각, 기분' 등의 뜻 외에도 '분별, 사리판단' 등의 의미로도 자주 사용된다. **She's a woman of sense.**라고 하면 '그녀는 사리판단이 분명한 사람이다.' 라는 의미이다. 한편 **makes sense**는 '의미 있다. 말이 된다' 라는 표현으로서 **It doesn't make sense.**라고 하면 '말도 안 돼요.' 라는 뜻이다.

 **Vocabulary**

1. sense: *n.* 감각

2. situation: *n.* 상황, 위치, 입장

## 단어를 이용한 문장 만들기

주어진 내용을 이용해 다른 표현으로 바꾸어 본다.

1. You should ___________________________.
   - 남의 집에 가서는 조용해야 한다.
   - 새로운 사람들을 보면 더욱 반갑게 맞아야 한다.
   - 가족들에게 더욱 사랑을 베풀어야 한다.
   - 잘 모르는 것이 있으면 물어 봐야 한다.

2. There is ___________________________.
   - 냉장고 안에 우유가 있다.
   - 벽에 모자가 걸려 있다.
   - 바닥에 먼지가 쌓여 있다.
   - 식탁 위에 열쇠 하나가 놓여 있다.

## 회화  영어로 말해 보기

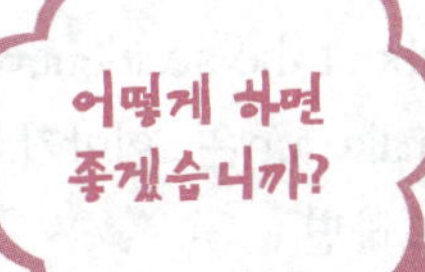

**A:** You should be cautious when you negotiate with them.
**B:** How am I supposed to do?

# Don't make up a story about the accident.
## 그 사건에 대해 이야기를 꾸며 대지 마세요.

A: He is believed to be guilty.

B: Don't make up a story about the accident.

A: His friend said that he drank a lot.

B: I can't believe it.

A: Why don't you believe it?

B: Because it is not in his character. He is a very gentle person.

A: 그가 유죄라고 믿어지고 있습니다.

B: 그 사건에 대해 이야기를 꾸며 대지 마세요.

A: 그의 친구가 그가 술을 많이 마셨다고 말했습니다.

B: 믿을 수 없습니다.

A: 왜 못 믿겠다는 것입니까?

B: 그는 그럴 사람이 아닙니다. 그는 정말 좋은 사람이었습니다.

### 꼭 알아두세요

Don't make up a story about the accident.라고 하면 '그 사건에 대해 이야기를 꾸며 대지 말아요.' 라는 표현이 된다. make up은 '이야기, 핑계 등을 지어내다' 라는 의미로 사용된다. He made up an excuse.라고 하면 '그는 핑계를 꾸며 대었다.' 라는 뜻이며, I made up a plot. 이라고 하면 '연극, 소설 등의 줄거리를 꾸미다.' 라는 표현이다. 한편, make up은 다른 뜻으로 '화장하다' 의 의미도 있다. She is heavily made up.은 '그녀는 짙은 화장을 하고 있다.' 가 된다.

## Vocabulary

1. guilty: *adj.* 유죄의

2. character: *n.* 성격, 기질

주어진 내용을 이용해 다른 표현으로 바꾸어 본다.

1. He is believed to be ________________.
   - 그는 순진하다고 여겨진다.
   - 그는 무죄라고 여겨진다.
   - 그는 정직하다고 여겨진다.
   - 그는 진짜 사나이라고 여겨진다.

2. Don't make up a story about ________________.
   - 축구 경기에 대해 꾸며 대지 마세요.
   - 협상에 대해 꾸며 대지 마세요.
   - 사업에 대해 꾸며 대지 마세요.
   - 여행에 대해 꾸며 대지 마세요.

회화 영어로 말해 보기

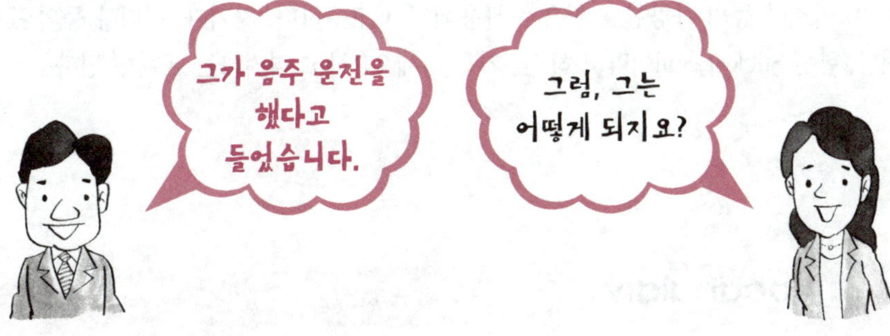


A: I heard that he drove while intoxicated.
B: Then what can he do about it?

# I hope you stick it out.
## 당신이 끝까지 참고 이겨 내길 바랍니다.

A: I heard you are preparing for your medical exam.

B: Yes. Studying medicine is so difficult.

A: I hope you stick it out.

B: Thank you for your encouragement.

A: What area of medicine is the exam based upon?

B: It is a human anatomy exam, and there is so much to remember.

A: 당신은 의사 시험을 준비하고 있다고 들었습니다.

B: 네. 의학 공부는 너무 어렵습니다.

A: 저는 당신이 끝까지 참고 이겨 내길 바랍니다.

B: 당신의 격려에 감사드립니다.

A: 어떤 분야에 기초한 의학 시험입니까?

B: 인체 해부학입니다. 그리고 외울 것이 정말 많습니다.

### 꼭 알아두세요

stick은 막대기, 찌르다 등의 다양한 표현으로 사용되지만 고수하다, 지키다, 견디다 등의 표현으로도 사용된다. 한편 Stick it out!이라고 하면 '기운 내세요!' 하고 격려하는 표현이 된다.

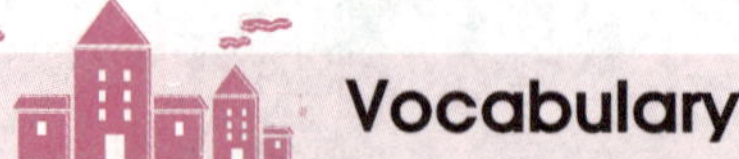

## Vocabulary

1. medical: *adj.* 의학의
2. medicine: *n.* 의술, 의약품
3. encouragement: *n.* 격려, 고무
   encourage: *v.* 격려하다, 고무하다
4. anatomy: *n.* 해부학

주어진 내용을 이용해 다른 표현으로 바꾸어 본다.

1. I hope you ___________________________.
   ◐ 당신이 두고 보기를 바랍니다.
   ◐ 당신이 인생을 즐겼으면 좋겠습니다.
   ◐ 당신이 긍정적으로 생각했으면 좋겠습니다.
   ◐ 당신이 최선을 다 했으면 좋겠습니다.

2. What area of medicine is ___________________?
   ◐ 어느 분야의 의학이 가장 인기가 있습니까?
   ◐ 어느 분야의 의학이 가장 복잡합니까?
   ◐ 어느 분야의 의학이 가장 흥미롭습니까?
   ◐ 어느 분야의 의학이 시간이 많이 소모됩니까?

회화 영어로 말해 보기

A: There is too much work to do in medical school.
B: If you stick it out, you will get a good result.

# Now you're talking.
## 그렇죠, 바로 그겁니다.

A: I can't understand any more.

B: OK. Let me show you this sample.

A: This effect is what you mean?

B: Now you're talking.

A: Sometimes I feel so stupid!

B: Don't be so negative! Everyone makes mistakes.

A: 더 이상 이해 못 하겠군요.

B: 좋아요. 이 샘플을 보여 드리죠.

A: 이 효과가 당신이 말하는 건가요?

B: 그렇죠. 바로 그겁니다.

A: 때로는 너무 바보 같다는 생각이 듭니다.

B: 너무 비관적일 필요는 없습니다. 누구나 실수를 하기 마련입니다.

### 꼭 알아두세요

잘못 해석하여 '이제 너는 말하고 있구나.' 라고 하면 안 된다. 이 표현은 계속해서 사람을 설득하다가 상대방이 자신의 의견에 따르기로 마음을 먹었을 때, '이제 좀 통하는구나.' 라는 뜻으로도 사용할 수도 있는 표현이다.

## Vocabulary

1. effect: *n.* 결과, 영향,
   *v.* (결과로써) 초래하다
2. stupid: *adj.* 아둔한, 어리석은
3. negative: *adj.* 부정적인
4. mistake: *n.* 실수, 잘못
   *v.* 틀리다, 그르치다

## 영작  단어를 이용한 문장 만들기

주어진 내용을 이용해 다른 표현으로 바꾸어 본다.

1. This effect is _______________________?
   - 이 효과가 당신이 바라던 바입니까?
   - 이 효과가 사람들이 우려하던 바입니까?
   - 이 효과가 당신이 생각하던 바입니까?
   - 이 효과가 우리가 신경 써야 하는 부분입니다.

2. Don't be so _______________________!
   - 너무 소심할 필요는 없습니다.
   - 너무 긴장할 필요는 없습니다.
   - 너무 너그러울 필요가 없습니다.
   - 너무 자만할 필요 없습니다.

## 회화  영어로 말해 보기

A: I did not make any mistakes.
B: Are you a perfectionist?

# 차를 탄 채로 음식을 살 수 있는 미국의 레스토랑

오늘은 차를 탄 채로 음식을 주문하고 살 수 있는 미국의 Drive-through Restaurant에 대하여 알아 보자.

바쁜 생활과 대부분 맞벌이를 해야 생활을 유지할 수 있는 그들의 생활방식은 수많은 종류의 패스트 푸드 산업을 발달시켰고 이들 중 몇몇 유명한 업체들은 현재 세계의 음식업계를 장악해 나아가고 있는 듯 하다. 심지어 전통을 중시하는 보수적인 유럽의 거리에도 자리가 좋은 곳에는 어디에나 이러한 미국의 패스트 푸드 레스토랑들이 속속 들어서고 있다. 가까운 예로, 맥도날드는 세계에서 가장 큰 패스트 푸드 레스토랑이 되었고, 세계 어느 도시를 가도 쉽게 찾아 볼 수 있게 되었다. 심지어 이탈리아의 로마에 가면 관광지도에 맥도날드 체인점의 위치가 명시되어 있을 정도다.

이들 중 특히 Drive-through Restaurant이라고 하는 곳은 차를 타고 식당 뒤로 돌아서 들어가면 차를 탄 채로 음식을 주문하고 받을 수 있게 되어 있는 곳이다.

미국에서 처음으로 이런 식당에 가게 되었을 때 신기하기도 했고 주문하는 법을 몰라 어리둥절했던 기억이 난다.

이 곳을 이용하는 방법은 일단 차를 타고 들어가다 보면 입구 쪽에 메뉴판이 보이고 커다란 마이크가 있어서 거기에다 대고 큰소리로 또박또박 내가 주문할 음식을 소리쳐야 한다. 작은 소리로 중얼중얼거리거나 하면 상대방이 정확하게 주문내용을 알아들을 수 없기 때문이다.

또한 메뉴판이 있다고는 하나 크기가 작아서 잘 알아 볼 수도 없거니와 마치 우리나라의 고속도로 톨게이트처럼 뒤에 차량들이 줄줄이 따라오기 때문에 자세히 살펴볼 시간도 없다. 아무리 메뉴가 많은 식당에 가도 종류를 잘 파악하고 있지 못하면 늘 똑같은 음식만 주문하게 되기도 한다. 내 경우에도 몇 번이나 갔는데 늘 한 가지 메뉴만 주문했던 기억이 난다.

　음식을 다 주문하고 돌아 나오면 주문한 음식을 받으면서 계산을 할 수 있는 takeoff window가 나오게 되고 이 곳에서 음식을 받게 된다.

　최근 우리나라에도 이러한 음식점들이 눈에 띄는 것 같다. 이 Drive-through Restaurant은 미국인들의 바쁜 생활과 그들만의 실용정신이 만들어 낸 아이디어가 아닌가 싶다.

## 사전찾기

1. 차안에서 주문할 수 있는 식당 : Drive-through Restaurant
2. 생활 방식 : way of living
3. 패스트 푸드 레스토랑 : fast food resturant
4. 전통 : tradition
5. 관광 지도 : travel map
6. 주문하는 법(음식) : how to order
7. 중얼중얼 : mumbling
8. 계산소 : toll gate
9. 계산창구 : takeoff window
10. 합리적인 : rationalistic

# 정답

ANSWER

# Unit.1

1.  ◑ She is suffering from a sthma.
    ◑ She is suffering from a bad cold.
    ◑ She is suffering from a headache.
    ◑ She is suffering from a toothache.

    ◑ Are you confident of your health?
    ◑ Are you confident of your parents' love?
    ◑ Are you confident of your children's happiness?
    ◑ Are you confident of a friendship with your friends?

2.  ◑ I am falling into trouble.
    ◑ I am falling into mistakes.
    ◑ I am falling into a bad habit.
    ◑ I am falling into financial crisis.

    ◑ I don't want to be involved with money matters.
    ◑ I don't want to be involved with women.
    ◑ I don't want to be involved with president Kim.
    ◑ I don't want to be involved with the rumor.

3.  ◑ I'm down because I've lost my wallet.
    ◑ I'm down because I've lost my laptop.
    ◑ I'm down because I've lost the important receipt.
    ◑ I'm down because I've lost my files.

    ◑ I went to the library at night.
    ◑ I went to the movie last night.
    ◑ I went to my friend's house last night.
    ◑ I went to the English Academy School last night.

4.  ◑ I heard that you've been learning swimming these days.
    ◑ I heard that you've been dating these days.
    ◑ I heard that you've been working(=hired) these days.
    ◑ I heard that you've been driving a car these days.

    ◑ Yes, I've been learning swimming these days.
    ◑ No, I've been not dating these days.
    ◑ Yes, I've been working(=hired) these days.
    ◑ No, I've been not driving a car these days.

5.  ◑ I think, there must be a problem with my wrist watch.
    ◑ I think, there must be a problem with the wall clock.
    ◑ I think, there must be a problem with my car.
    ◑ I think, there must have been a problem with mymonitor.

◑ There must have been trouble with the sound system.
◑ There must have been trouble with my telephone.
◑ There must have been trouble with the internet server of our company.
◑ There must have been trouble with communicating each other.

6.  ◑ Why are you so impatient?
    ◑ Why are you so depressed?
    ◑ Why are you so excited?
    ◑ Why were you so sick?

    ◑ There was a car accident on my way home.
    ◑ There was a marathon race on my way home.
    ◑ There was a begger on my way home.
    ◑ There was a lost dog on my way home.

7.  ◑ I'm going to take in my friend's house on my way home.
    ◑ I'm going to take in the post office on my way to hospital.
    ◑ I'm going to take in the bank on my way home.
    ◑ I'm going to take in the bookstore on my way to the academic school.

    ◑ I heard you have a plan to travel to the United States.
    ◑ I heard you have a plan to run a business.
    ◑ I heard you have a plan to get married.
    ◑ I heard you have a plan to go on a business trip.

8.  ◑ The story of ghost gave me gooseflesh.
    ◑ A glass of cold drink gave me gooseflesh.
    ◑ The cruel scenes gave me gooseflesh.
    ◑ A love story gave me gooseflesh.

    ◑ How was the opening ceremony of the 2002 World Cup?
    ◑ How was the closing ceremony of the 2002 World Cup?
    ◑ How was your friend's wedding ceremony?
    ◑ How was the first class of school?

9.  ◑ I like cleaning all over my house.
    ◑ I like washing all over my clothes.
    ◑ I like traveling all over the world.
    ◑ I like mobbing all over the floor.

    ◑ There are many beautiful animals and plants.
    ◑ There are much delicious foods and drinks.
    ◑ There are plenty of expensive clothes and luxury automobiles.
    ◑ There are many high and huge buildings.

10. ◗ You look pale.
  ◗ You look energetic.
  ◗ You look thirsty.
  ◗ You look thin.(=You look worn out.)

  ◗ I feel so hot and sticky.
  ◗ I feel so warm and cozy.
  ◗ I feel so bored and uninterested.
  ◗ I feel so happy and satisfied.

11. ◗ I got an e-mail from someone.
  ◗ I got money from someone.
  ◗ I got many spam mails from someone.
  ◗ I got a gift certificate from someone.

  ◗ I will go to the City Hall.
  ◗ I will go to the parking lot.
  ◗ I will go to the gas station.
  ◗ I will go to the beauty salon.

12. ◗ Why are you dissatisfied with your boss?
  ◗ Why are you dissatisfied with your job?
  ◗ Why are you dissatisfied with your pay(= wage)?
  ◗ Why are you dissatisfied with your appearance?

  ◗ She is so absorbed in her work, that she doesn't have a boyfriend.
  ◗ She is so absorbed in her work, that she neglects her family.
  ◗ She is so absorbed in her work, that she comes back home late.
  ◗ She is so absorbed in her work, that she neglects her obligations at home.

13. ◗ What was the matter with them?
  ◗ What will be the matter with your family?
  ◗ What is the matter with your uncle?
  ◗ What is the matter with your mother-in-law?

  ◗ My boss refuses to be flexible in regards to the adjustment of the budget.
  ◗ My boss refuses to be flexible in regards to a pay schedule.
  ◗ My boss refuses to be flexible in regards to the negotiation.
  ◗ My boss refuses to be flexible in regards to the overseas expansion.

# Unit.2

14. ◗ Are you a new professor?
  ◗ Are you a new employer?
  ◗ Are you a new employee?
  ◗ Are you a business person?

  ◗ Welcome to Korea.
  ◗ Welcome to my house.
  ◗ Welcome to join us.
  ◗ Welcome to our store.

15. ◗ Everything is so expensive.
  ◗ Everything is so valuable.
  ◗ Everything is so interesting.
  ◗ Everything is so useful.

  ◗ They are trything to get rid of the enemy.
  ◗ They are trying to get rid of waste.
  ◗ They are trying to get rid of corruption.
  ◗ They are trying to get rid of bribe.

16. ◗ My computer is not working.
  ◗ My computer is making a noise.
  ◗ My computer is out of order.
  ◗ My computer is strange.

  ◗ Why don't you tell me?
  ◗ Why don't you turn off the air conditioner?
  ◗ Why don't you knock on the door?
  ◗ Why don't you propose to her?

17. ◗ How was your blind date?
  ◗ How was your first day of class?
  ◗ How was your trip?
  ◗ How was your business trip?

  ◗ I blew the exam.
  ◗ I blew the party.
  ◗ I blew the business.
  ◗ I blew the report.

18. ◗ My boss will give me the green light to start my new project.
  ◗ My boss won't give me the green light to start my new project.
  ◗ My boss is giving me the green light to start my new project.

◑ My boss may give me the green light to start my new project.

◑ You must be dissatisfied.
◑ You must be suspicious.
◑ You must be curious.
◑ You must be rich.

19. ◑ I am afraid I can't keep a promise.
◑ I am afraid I can't make it on time.
◑ I am afraid I can't meet the deadline.
◑ I am afraid it will be rainy.

◑ I have a mile of things to be done by tomorrow.
◑ I have a mile of ways to go.
◑ I have a mile of things to say.
◑ I have a mile of things to correct.

20. ◑ What is the richest area in your country?
◑ What is the most beautiful area in your country?
◑ What is the biggest island in your country?
◑ What is the most famous or well-known temple in your country?

◑ All of us work from home.
◑ Most of us work from home.
◑ None of us work from home.
◑ One of us works from home.

21. ◑ It is hard to translate this sentence.
◑ It is hard to work with seniors.
◑ It is hard to make friends.
◑ It is hard to communicate with foreigners.

◑ Let's see what it means.
◑ Let's see what we can do about it.
◑ Let's see how we can solve this problem.
◑ Let's see how we get there.

22. ◑ Listening has also improved.
◑ Speaking has also improved.
◑ Grammar has also improved.
◑ Writing has also improved.

◑ This company seems to make a profit.
◑ This company seems to have many smart board of directors.
◑ This company seems to progress gradually.
◑ This company seems to have declined.

23. ◑ Don't try to deceive the customers.
◑ Don't try to take control of children.
◑ Don't try to talk back to your parents.
◑ Don't try to nag your husband.

◑ (You have to be very) cautious in handling glasses.
◑ (You have to be very) hygienic in handling foods.
◑ (You have to be very) scrupulons in handling mails.
◑ (You have to be very) cautions in handling silk.

24. ◑ There's been some secret treatise going on here.
◑ There's been some conspiracies going on here.
◑ There's been some illegal trades going on here.
◑ There's been some lobbying activities going on here.

◑ I want to know what the fact is.
◑ I want to know how we get there(= how to get there).
◑ I want to know how we solve this problem
   (=how to solve this problem).
◑ I want to know when the meeting will end.

25. ◑ You have to spell out your complaint.
◑ You have to spell out your intention.
◑ You have to spell out your role.
◑ You have to spell out your available time.

◑ Give me some more time to double check.
◑ Give me some more time to negotiate.
◑ Give me some more time to make a decision.
◑ Give me some more time to make a plan.

26. ◑ Why did your company go bankrupt?
◑ Why did your company go bankrupt suddenly?
◑ Why did your company move?
◑ Why did your company become busy?

◑ They failed to make headway in regard to product development.
◑ They failed to make headway in regard to pricecompetition.
◑ They failed to make headway in regard to public relations.
◑ They failed to make headway in regard to overseas trade.

# Unit.3

27. ◑ It's due on the first week of August.

◑ It's due at 10:00 am.
◑ It's due in May.
◑ It's due in September of 2003.

◑ You can check it out for 2 weeks.
◑ You can check it in tomorrow.
◑ You can check it in by Monday of the first week.
◑ You can check it out for a long time.

28. ◑ Politics is not my cup of tea.
◑ Scandal is not my cup of tea.
◑ Night Club is not my cup of tea.
◑ Philosophy is not my cup of tea.

◑ What do you think about financial policy?
◑ What do you think about homosexual?
◑ What do you think about your girlfriend?
◑ What do you think about on-line chatting?

29. ◑ He got straight A in the face of difficulties.
◑ He will go to America to study in the face of difficulties.
◑ He will marry her in the face of difficulties.
◑ He passed the national examination in the face of difficulties.

◑ You had better tell your professor the truth.
◑ You had better study for the test from now.
◑ You had better work at a part-time job.
◑ You had better ask the question more in detail.

30. ◑ I intend to have a full-time job.
◑ I intend to get married right after graduation.
◑ I intend to go to a graduated school.
◑ I intend to be a teacher assistant.

◑ How do you intend to support your children?
◑ How do you intend to manage your GPA?
◑ How do you intend to make money for tuition fee?
◑ How do you intend to purchase your textbooks?

31. ◑ I read a book all night long.
◑ I chatted on line all night long.
◑ I planned for traveling all night long.
◑ I had a drink all night long.

◑ Have you ever danced all night long?
◑ Have you ever played the piano all night long?
◑ Have you ever watched horror movies all night long?
◑ Have you ever studied all night long?

32. ◑ He just touched on the economy in more.
◑ He just touched on the economy in particular.
◑ He just touched on the economy briefly.
◑ He just touched on the economy once again.

◑ Anybody else?
◑ Who else?
◑ What else?
◑ Nobody else?

33. ◑ I am looking for an information desk.
◑ I am looking for the dormitory.
◑ I am looking for the Engineering Department.
◑ I am looking for the Music Department.

◑ I came to the wrong place.
◑ I came to say hello.
◑ I came for a sight-seeing.
◑ I came to request for information.

34. ◑ Did you finish preparing dinner for your family?
◑ Did you finish preparing for the mid-term exam?
◑ Did you finish preparing for the speech?
◑ Did you finish preparing for the thesis presentation?

◑ I left Introduction to Psychology for last.
◑ I left Physics for last.
◑ I left Health Science for last.
◑ I left Introduction to Linguistics for last.

35. ◑ Do you think you can do well on the exams?
◑ Do you think you can pass the exam this time?
◑ Do you think you can study abroad?
◑ Do you think you can make a reservation for an airline ticket?

◑ I woke up early this morning.
◑ I had breakfast this morning.
◑ I came by the bank this morning.
◑ I did exercise with my friend this morning.

36. ◑ He likes movies like crazy!
◑ He likes Vietnamese foods like crazy!
◑ He takes care of children like crazy!
◑ He likes to watch soccer games like crazy!

◑ I met a new friend named Ann from university.
◑ I met a new friend named Laura from graduated school.

◑ I met a new friend named Michael from church.
◑ I met a new friend named Susan from club.

37. ◑ I've been working a part-time job for the last six months now.
◑ I've been married for the last six months now.
◑ I've been graduated from university for the last six months now.
◑ I've been broken up with her for the last six months now.

◑ Is it hard?
◑ Is it complicated?
◑ Is it helpful?
◑ Is it possible?

38. ◑ I will complete it by the end of May.
◑ I will complete it by the beginning of the next year.
◑ I will complete it by the end of this month.
◑ I will complete it by tomorrow afternoon.

◑ When do you think you will move?
◑ When do you think you will pay back?
◑ When do you think you will purchase a monitor?
◑ When do you think you will be hospitalized?

39. ◑ I will get you something to drink.
◑ I will get you the direction to the school.
◑ I will get you an application form from school.
◑ I will get you some interesting cartoons.

◑ I guess it's coming.
◑ I guess it's real.
◑ I guess it's a top secret.
◑ I guess it a school policy.

# Unit. 4

40. ◑ I am so happy to hear that he bought a car.
◑ I am so happy to hear that they are going to remarry.
◑ I am so happy to hear that she came back to Korea from America.
◑ I am so happy to hear that they all passed the exam.

◑ So did I.
◑ So is he.
◑ So did they.
◑ So does she.

41. ◑ Let's get along each other.
◑ Let's play soccer.
◑ Let's postpone.
◑ Let's play at cards.

◑ Do you know who he is over there?
◑ Do you know what he does over there?
◑ Do you know where he's from over there?
◑ Do you know anything about him over there?

42. ◑ He was looking at me with lovely eyes.
◑ He was looking at me with suspicious eyes.
◑ He was looking at me with soft eyes.
◑ He was looking at me with piercing eyes.

◑ She is picky.
◑ She is conceited.
◑ She is hard to get close to.
◑ She is an apple polisher.

43. ◑ She was the nurse who gave me a shot in the arm.
◑ She was the nurse who saved my life.
◑ She was the nurse who took care of my father.
◑ She was the nurse who was in charge of me.

◑ What does your wife do?
◑ What does your father do?
◑ What does your friends do?
◑ What does your youngest son do?

44. ◑ Do you think you have a good idea?
◑ Do you think this clothe goes well with me?
◑ Do you think Korea wins?
◑ Do you think our boss agrees with me?

◑ He finds him loathsome.
◑ He finds him favor.
◑ He finds him interesting.
◑ He finds him responsible.

45. ◑ I don't like majoring in mathematics.
◑ I don't like majoring in economics.
◑ I don't like majoring in physics.
◑ I don't like majoring in accounting.

◑ What do you think about his plan?
◑ What do you think about his speech?
◑ What do you think about her integrity?

## Left column

◗ What do you think about his decision?

46. ◗ What is the matter?
◗ What are you doing tonight?
◗ What are you going to do tomorrow?
◗ What are your plans for tomorrow?

◗ When can you make it?
◗ When are you free?
◗ When is better time for you?
◗ When do you have free time?

47. ◗ What sort of a person is he?
◗ What kind of a person is she?
◗ What do you know about her?
◗ What would you say who she is?

◗ He is intelligent.
◗ He is capable.
◗ She is talented.
◗ He is brighter than you.

48. ◗ That necklace looks good on you.
◗ That tie looks good on you.
◗ That hair lace looks good on you.
◗ That lipstick looks good on you.

◗ Do you know whom I took counsel with yesterday?
◗ Do you know whom Korea had a match with yesterday?
◗ Do you know whom she went to travel with yesterday?
◗ Do you know whom he married yesterday?

49. ◗ I'm going to pierce my ears.
◗ I'm going to take out my mole.
◗ I'm going to knock it off earlier.
◗ I'm going to sue you.

◗ He is after your authority.
◗ She is after your kindness.
◗ she is after your honesty.
◗ He is after your faith.

50. ◗ I can't understand your opnion.
◗ I can't understand your character.
◗ I can't understand your fickleness.
◗ I can't understand your lifestyle.

◗ I think you are pretty.

## Right column

◗ I think you are cute.
◗ I think you are diligent.
◗ I think you are witty.

51. ◗ I have something to eat.
◗ I have something to drink.
◗ I have something to think.
◗ I have something to ask.

◗ I think it is useful to establish good lines of communication.
◗ I think it is good to establish good lines of communication.
◗ I think it is useless to establish good lines of communication.
◗ I think it is valuable to establish good lines of communication.

52. ◗ My girl friend is humorus.
◗ My girl friend is honest.
◗ My girlfriend is attractive.
◗ My girlfriend is smart.

◗ Have you taken him to see a teacher?
◗ Have you taken him to see a physician?
◗ Have you taken him to see a pediatrician?
◗ Have you taken him to see an ophthalmologist?

# Unit.5

53. ◗ I think I'm very excited at the moment.
◗ I think I'm very gloomy at the moment.
◗ I think I'm very sleepy at the moment.
◗ I think I'm very tired at the moment.

◗ What are you so blessed about?
◗ What are you so displeased about?
◗ What are you so crazy about ?
◗ What are you so irritated about?

54. ◗ What was the result of the job interview?
◗ What was the result of the lesson?
◗ What was the resulte of the special education?
◗ What was the result of the driver's test?

◗ I am sorry to call you at this late hour.
◗ I'm sorry to have kept you waiting so long.
◗ I'm sorry to tell you this.
◗ I'm sorry to have taken so much of your time.

55. ◖ It's a nice day(=It's a beautiful day).
◖ It's a rainy day.
◖ It's a windy day.
◖ It's a foggy day.

◖ Do you like dog?
◖ Do you like flower?
◖ Do you like swimming?
◖ Do you like pizza?

56. ◖ What is your favorite sports?
◖ What is your favorite game?
◖ What is your favorite book?
◖ What is your favorite movie?

◖ I like bowling.
◖ I like classical music.
◖ I like cheeseburger.
◖ I like beer.

57. ◖ What do you think his personality is?
◖ What do you think his career is?
◖ What do you think his mindset is?
◖ What do you think his prejudice is?

◖ He is good at English speaking.
◖ He is good at playing tennis.
◖ He is good at dancing.
◖ He is good at telling a lie.

58. ◖ I'm very grateful for her advice.
◖ I'm very grateful for her help.
◖ I'm very grateful for her friendship.
◖ I'm very grateful for her support.

◖ Do you know how to slam dunk?
◖ Do you know how expensive things are these days?
◖ Do you know the way to the Hotel Hilton?
◖ Do you know how to drive?

# Unit.6

59. ◖ What's happening?
◖ What's the matter with him?
◖ What's wrong with them?
◖ What's it about?

◖ Why don't you open Netmeeting?
◖ Why don't you close the window?
◖ Why don't you introduce yourself?
◖ Why don't you give me anything to drink?

60. ◖ Let me explain it to you.
◖ Let me check with the publishing company.
◖ Let me win this time, please.
◖ Let me sleep on it.

◖ She is usually very active.
◖ She is usually very introspective.
◖ He is usually very coward.
◖ She is usually very uncommunicative.

61. ◖ I'll go for a walk.
◖ I'll give you a call tomorrow.
◖ I'll go to bed early tonight.
◖ I think you will pass the exam.

◖ I don't like eating in a restaurant.
◖ I don't watch television very often.
◖ I don't drink coffee.
◖ I don't like my job. It's very boring.

62. ◖ I'm afraid that she places a responsibility on me.
◖ I'm afraid that I am not qualified as a good teacher.
◖ I'm afraid that he loses confidence.
◖ I'm afraid that he makes a mistake.

◖ Your brother is always fresh.
◖ Your brother is always agreeable.
◖ Your brother is always blunt.
◖ Your brother is always gloomy.

63. ◖ It's not my fault that I screw my exam.
◖ It's not my fault that I missed the bus.
◖ It's not my fault that I broke up with her.
◖ It's not my fault that I finished my work late.

◖ Do you want to break up with him?
◖ Do you want to be grown up more?
◖ Do you want to go on vacation?
◖ Do you want to list things up in detail?

64. ◖ I won't be able to put a good face on it.
◖ I'd better put a good face on it.
◖ I did put a good face on it.

◗ I will make him put a good face on it.

◗ It's not easy for you to say that.
◗ It's simple for you say that.
◗ It's right for you to say that.
◗ It's wonderful for you to say that.

65. ◗ Why are you so gloomy(=depressed)?
◗ Why are you so tired?
◗ Why are you so exited?
◗ Why are you so timid?

◗ One of the girls in the supermarket saw him took it.
◗ One of the girls in the taxi saw him took it.
◗ One of the girls in the candy store saw her took it.
◗ One of the girls in the bus saw her took it.

66. ◗ I had a dinner with my girlfriend last night.
◗ I watched a TV with my girlfriend last night.
◗ I studied with my girlfriend. last weekend.
◗ I saw a movie with my girlfriend last Sunday.

◗ She is so inattentive about everything.
◗ She is so cautious about everything.
◗ She is so easy-going about everything.
◗ She is so ardent about everything.

67. ◗ He is clever.
◗ He is massive.
◗ He is straightforward.
◗ He is witty.

◗ You mean a woman wearing high hill.
◗ You mean a woman with a blue purse.
◗ You mean a man with glasses.
◗ You mean a man wearing yellow T-shirts.

68. ◗ I just feel happy.
◗ I just feel satisfied.
◗ I just feel pain.
◗ I just feel shame.

◗ You should be more careful about your parents.
◗ You should be more careful about your GPA(Grade Point Average).
◗ You should be more careful about your girlfriend.
◗ You should be more careful about your attire.

69. ◗ I had a meeting all day in the morning.

◗ I had a meeting all day in the afternoon.
◗ I had a meeting without lunch time.
◗ I had a meeting tediously.

◗ I don't want to talk about that movie any more.
◗ I don't want to talk about that book any more.
◗ I don't want to talk about communism any more.
◗ I don't want to talk about the last exam any more.

70. ◗ He over praised me in front of my friends.
◗ He basted me in front of my friends.
◗ He made her cry in front of my friends.
◗ He helped me in front of friends of my girlfriend.

◗ He is a real handsome guy.
◗ He is a real cute boy.
◗ He is a real lucky guy.
◗ He is a real attractive man.

# Unit.7

71. ◗ Try to remain optimistic about your future.
◗ Try to remain optimistic about your spouse.
◗ Try to remain optimistic about your children.
◗ Try to remain optimistic about your job(= career).

◗ I will accept your apology.
◗ I will accept your credit card.
◗ I will accept your invitation.
◗ I will accept your suggestion.

72. ◗ I'm afraid I am not a very individual person.
◗ I'm afraid I am not a very independent person.
◗ I'm afraid I am not a very strong person.
◗ I'm afraid I am not a very experienced person.

◗ You just have to find your potential.
◗ You just have to find your way.
◗ You just have to find your aptitude.
◗ You just have to find your sponsor.

73. ◗ What a nice weather!
◗ What a nice place!
◗ What a nice day!
◗ What a nice present!
◗ You'll figure it out next time.

◑ You'll achieve the goal next time.
◑ You'll get an opportunity next time.
◑ You'll pass an interview next time.

74. ◑ I think it is very important to be effective in working.
◑ I think it is very important to admit one's mistakes.
◑ I think it is very important to forgive others' fault.
◑ I think it is very important to test one's ability.

◑ You sure have many good friends.
◑ You sure have a be mild character.
◑ You sure have an eye for fashion.
◑ You sure have intuition.

75. ◑ You need Anatomy to get into Medical School.
◑ You need Nutrition to get into Physical Education.
◑ You need Statistics to get into Business.
◑ You need Psychology to get into Education.

◑ Why do I have to retake the exam?
◑ Why do I have to enter the college?
◑ Why do I have to become a doctor?
◑ Why do I have to take a responsibility for them?

76. ◑ It looks tricky.
◑ It looks complicated.
◑ It looks like children's books.
◑ It looks capricious.

◑ I haven't seen him since early this morning.
◑ I haven't read the newspaper since early this morning.
◑ I haven't attended in the seminar since early this morning.
◑ I haven't coutacted with my friend since early this mouning.

77. ◑ I want my son to be like me.
◑ I want my son to win this time.
◑ I want my son to be a lawger.
◑ I want my son to be independent.

◑ He is such a nice father.
◑ He is such a nice painter.
◑ He is such a nice artist.
◑ He is such a nice assistant.

78. ◑ I'm available from 9:00 am to 3:00 pm.
◑ I'm available in the office from now on.
◑ I'm available any time from afternoon.
◑ I'm available any time.

◑ I have something to tell you privately.
◑ I have something to tell you later.
◑ I have something to tell you secretly.
◑ I have something to tell you in advance.

79. ◑ I will feel embarrassed if he doesn't show up.
◑ I will feel embarrassed if he doesn't give me a call.
◑ I will feel embarrassed if I loose my way.
◑ I will feel embarrassed if I forget my customers' name.

◑ I wonder how to use this PDA.
◑ I wonder how much he likes me.
◑ I wonder how to buy a cheap airplane ticket to China.
◑ I wonder how to make Kimchi.

80. ◑ Making cakes is not so easy.
◑ Taking pictures is not so easy.
◑ Learning English is not so easy.
◑ Working in the office in summer is not so easy.

◑ My children don't talk back to parents.
◑ My children are obedient to parents.
◑ My children like adventure.
◑ My children hardly cause trouble.

# Unit.8

81. ◑ It is illegal.
◑ It is nonsense.
◑ It is a lie.
◑ It is a national property.

◑ It is very difficult to make money these days.
◑ It is very difficult to immigrate to America these days.
◑ It is very difficult to make friends these days.
◑ It is very difficult to go to church these days.

82. ◑ How faithful he is!
◑ How fickle he is!
◑ How honest he is!
◑ How talkative he is!

◑ Your wallet is open.
◑ Your suitcase is open.
◑ The window of your house is open.
◑ The trunk of your car is open.

83. ◗ I did not mean to hurt your feeling.
◗ I did not mean to have a car accident.
◗ I did not mean to approach him.
◗ I did not mean to be alone.

◗ You are kind of brave.
◗ You are kind of convinced.
◗ You are kind of talented.
◗ You are kind of sociable.

84. ◗ It's not a matter of time.
◗ It's not a matter of money.
◗ It's not a matter of where we go.
◗ It's not a matter of getting married or not married.

◗ I think it is very hard to compromise.
◗ I think it is very hard to discuss with parents.
◗ I think it is very hard to solve the problem.
◗ I think it is very hard to conceal.

85. ◗ She has nothing to do with him.
◗ Happiness has nothing to do money.
◗ Success is nothing to do with one's hometown.
◗ The IBM has nothing to do with the Apple.

◗ I just don't think it is the best way.
◗ I just don't think it is the right way.
◗ I just don't think it is not on purpose.
◗ I just don't think she is ill(= sick).

86. ◗ Nothing can help me keep a secret.
◗ Nothing can do a harm to me.
◗ Nothing can turn down my expectation.
◗ Nothing can exceed God's power.

◗ Check what you have done.
◗ Look back what you have done.
◗ Take a look at what you have done.
◗ Don't regret what you have done.

87. ◗ You should be quiet at someone's house.
◗ You should be more friendly to new comers.
◗ You should share more love with your family.
◗ You should ask whatever you don't fully understand.

◗ There is milk in a refrigerator.
◗ There is a hat on a wall.
◗ There is dust on the floor.

◗ There is a key on the table.

88. ◗ He is believed to be innocent.
◗ He is believed to be not guilty.
◗ He is believed to be honest.
◗ He is believed to be a real man.

◗ Don't make up a story about the soccer match.
◗ Don't make up a story about the negotiation.
◗ Don't make up a story about the business.
◗ Don't make up a story about the travel.

89. ◗ I hope you wait and see.
◗ I hope you enjoy your life.
◗ I hope you think positively.
◗ I hope you do all you can or I hope you do your best.

◗ What area of medicine is most popular?
◗ What area of medicine is most complicated?
◗ What area of medicine is most interesting?
◗ What area of medicine is most time-consuming?

90. ◗ This effect is what you have wanted?
◗ This effect is what people worried about?
◗ This effect is what you think of?
◗ This effect is what we should concern about?

◗ Don't be so timid!
◗ Don't be so nervous!
◗ Don't be so generous!
◗ Don't be so proud!

# 가림출판사 · 가림M&B · 가림Let's에서 나온 책들

## 바늘구멍
켄 폴리트 지음 · 홍영의 옮김

미국 추리작가 협회의 최우수 장편상을 받은 초유의 베스트셀러로 전쟁을 통한 두뇌싸움을 치밀하고 밀도 있게 그려낸 추리소설. 신국판 / 342쪽 / 5,300원

## 레베카의 열쇠
켄 폴리트 지음 · 손연숙 옮김

모험, 폭력, 음모 그리고 미국적인 열정 속에 담긴 두 남녀의 사랑이야기를 독자들의 상상을 뒤엎는 확실한 긴장감으로 마지막까지 흥미진진한 장편 추리소설. 신국판 / 492쪽 / 6,800원

## 암병선
니시무라 쥬코 지음 · 홍영의 옮김

난치병인 암을 퇴치하기 위해 7대양을 누빌 암병선을 무대로 인간생명의 존엄성을 지키기 위해 불의와 맞서는 시라도리 선장의 꿋꿋한 의지와 애절한 암환자들의 심리가 생생하게 묘사된 근래 보기드문 걸작. 신국판 / 300쪽 / 4,800원

## 첫키스한 얘기 말해도 될까
김정미 외 7명 지음

이 시대의 젊은 작가 8명이 가슴속 깊이 간직했던 나만의 소중한 이야기를 살짝 털어놓은 상큼한 비밀 이야기.
신국판 / 228쪽 / 4,000원

## 사미인곡 上 · 中 · 下
김충호 지음

파란만장한 일생을 보낸 정철의 생애를 통해 난세를 살아가는 우리에게 삶의 지혜와 기쁨을 선사하는 대하 역사 소설.
신국판 / 각 권 5,000원

## 이내의 끝자리
박수완 스님 지음

앞만 보고 살아가는 우리에게 자신을 뒤돌아볼 수 있는 여유를 갖게 해주는 승려시인의 가슴을 울리는 주옥 같은 시집.
국판변형 / 132쪽 / 3,000원

## 너는 왜 나에게 다가서야 했는지
김충호 지음

세상에 대한 사랑의 아픔, 그리움, 영혼에 대한 고뇌를 달래야 했던 시인이 살아 있는 영혼을 지닌 이들에게 전하는 사랑의 메시지. 국판변형 / 124쪽 / 3,000원

## 세계의 명언
편집부 엮음

위인이나 유명인들의 글, 연설문 혹은 각 나라에서 전해져 오는 속담을 통하여 지난날을 되새겨보는 백과전서로서, 오늘을 반성하는 교과서로서, 그리고 미래를 설계하는 참고서로서 역할을 해줄 것이다. 신국판 / 322쪽 / 5,000원

## 여자가 알아야 할 101가지 지혜
제인 아서 엮음 · 지창국 옮김

남녀가 함께 살면서 경험으로 터득한 의미심장하면서도 재미있는 조언들을 발췌한 내용으로 독신의 삶을 청산하려는 이들이 알아야 할 유용하고 상상력 풍부한 힌트로 가득찬 감동의 메시지이다. 4 · 6판 / 132쪽 / 5,000원

## 현명한 사람이 읽는 지혜로운 이야기
이정민 엮음

현대를 살아가는 우리들에게 삶의 가치를 부여해주고 자기 성찰의 기회를 갖게 해준다. 신국판 / 236쪽 / 6,500원

## 성공적인 표정이 당신을 바꾼다
마츠오 도오루 지음 · 홍영의 옮김

고통스러울 때, 괴로울 때, '그럼에도 불구하고'의 스마일을 통해 자신뿐만 아니라 주위 사람들의 마이너스 사고를 플러스 사고로 바꾸어서 사람의 마음을 움직이며, 그리고 사람의 마음에 남는 최고의 웃는 얼굴을 만드는 비법 총망라!
신국판 / 240쪽 / 7,500원

## 태양의 법
오오카와 류우호오 지음 · 민병수 옮김

한사람 한사람의 인간이 깨달음을 추구하고 영적으로 깨우치기 위한 명확한 방향을 제시하는 불법 진리 사상서.
신국판 / 246쪽 / 8,500원

## 영원의 법
오오카와 류우호오 지음 · 민병수 옮김

구원의 진리를 한 권의 책에 이론적 형태로 응축한 기본 삼법의 완결편. 신국판 / 240쪽 / 8,000원

## 옛 사람들의 재치와 웃음
강형중 · 김경익 편저

옛 사람들의 재치와 해학을 통해 한문의 묘미를 터득하고 한자를 재미있게 배우며 유머감각까지 높일 수 있는 일석삼조의 효과 만점. 신국판 / 316쪽 / 8,000원

## 지혜의 쉼터
쇼펜하우어 지음 · 김충호 엮음

쇼펜하우어의 철학체계를 통하여 풍요로운 삶의 지혜를 얻고 기쁨을 얻을 수 있도록 꾸며 놓은 철학이야기.
4 · 6판 양장본 / 160쪽 / 4,300원

## 헤세가 너에게
헤르만 헤세 지음 · 홍영의 엮음

순수한 애정과 자유를 갈구하는 헤세의 아름다운 세상을 통한

깨끗한 정신세계를 공유할 수 있는 기회를 제공.
4 · 6판 양장본 / 144쪽 / 4.500원

### 사랑보다 소중한 삶의 의미
크리슈나무르티 지음 · 최윤영 엮음

금세기 최고의 사상가이자 철학자인 크리슈나무르티가 인간의 정신적 사고의 구조와 본질을 규명하여 인간의 삶에 대한 가장 완벽한 해답을 제시.  신국판 / 180쪽 / 4,000원

### 장자-어찌하여 알 속에 털이 있다 하는가
홍영의 엮음

동양 사상의 저변에 흐르고 있는 자연에의 경외감을 유감없이 표현한 장자를 통하여 인간 본연의 자세로 돌아가 나를 돌아보는 계기를 만들어 주는 책.  4 · 6판 / 180쪽 / 4,000원

### 논어-배우고 때로 익히면 즐겁지 아니한가
신도회 엮음

인간에게 필요불가결한 윤리와 도덕생활의 교훈들을 평이한 문체로 광범위하게 집약한 논어의 모든 것!!
4 · 6판 / 180쪽 / 4,000원

### 맹자-가까이 있는데 어찌 먼 데서 구하려 하는가
홍영의 엮음

반성과 자책을 통해 잃어버린 양심을 수습하고 선으로 복귀할 것을 천명하는 맹자 사상의 집대성!!  4 · 6판 / 180쪽 / 4,000원

# 건 강

### 식초건강요법
건강식품연구회 엮음 · 신재용(해성한의원 원장) 감수

가장 쉽게 구할 수 있고 경제적인 식품이면서 상상할 수 없을 정도로 뛰어난 약효를 지닌 식초의 모든 것을 담은 건강지침서!  신국판 / 224쪽 / 6,000원

### 아름다운 피부미용법
이순희(한독피부미용학원 원장) 지음

피부조직에 대한 기초 이론과 우리 몸의 생리를 알려줌으로써 아름다운 피부, 젊은 피부를 오래 유지할 수 있는 비결 제시!
신국판 / 296쪽 / 6,000원

### 버섯건강요법
김병각 외 6명 지음

종양 억제율 100%에 가까운 96.7%를 나타내는 기적의 약용버섯 등 신비의 버섯을 통하여 암을 치료하고 비만, 당뇨, 고혈압, 동맥경화 등 각종 성인병 예방을 위한 생활 건강 지침서!
신국판 / 286쪽 / 8,000원

### 성인병과 암을 정복하는 유기게르마늄
이상현 편저 · 민형기 감수

최근 들어 각광을 받고 있는 새로운 치료제인 유기게르마늄을 통한 성인병, 각종 암의 치료에 대해 상세히 소개.
신국판 / 304쪽 / 7,000원

### 난치성 피부병
생약효소연구원 지음

현대의학으로도 치유불가능했던 난치성 피부병인 건선 · 아토피(태열)의 완치요법이 수록된 건강 지침서.
신국판 / 232쪽 / 7,500원

### 新 방약합편
정도명 편역

약물의 성질과 효능을 쉽게 꾸며 놓아 자신의 병을 알고 증세에 맞춰 스스로 처방을 할 수 있는 가정 한방 주치의 역할을 해준다. 증상과 처방에 따라 가정에서 조제할 수 있는 보약 506가지 수록.  신국판 / 416쪽 / 15,000원

### 자연치료의학
오홍근(신경정신과 의학박사 · 자연의학박사) 지음

대한민국 최초의 자연의학박사가 밝힌 신비의 자연치료의학으로 자연산물을 이용하여 부작용 없이 치료하는 건강 생활비법 공개!!  신국판 / 472쪽 / 15,000원

### 약초의 활용과 가정한방
이인성 지음

현대과학이 밝혀낸 약초의 신비와 활용방법을 수록, 주변의 흔한 식물과 약초를 활용하여 각종 질병을 간편하게 예방 · 치료할 수 있는 비법제시.  신국판 / 384쪽 / 8,500원

### 역전의학
이시하라 유미 지음 · 유태종 감수

일반상식으로 알고 있는 건강상식에 대해 전혀 새로운 관점에서 비판하고 아울러 새로운 방법들을 제시한 건강 혁명 서적!!  신국판 / 286쪽 / 8,500원

### 이순희식 순수피부미용법
이순희(한독피부미용학원 원장) 지음

자신의 피부에 맞는 관리법으로 스스로 피부관리를 할 수 있는 방법을 제시하고 책 속 부록으로 천연팩 재료 사전과 피부 타입별 팩 고르기.  신국판 / 304쪽 / 7,000원

### 21세기 당뇨병 예방과 치료법
이현철(연세대 의대 내과 교수) 지음

세계 최초 유전자 치료법을 개발한 저자가 제시하는 당뇨병에 대항하여 가장 확실하게 이길 수 있는 올바른 이론과 발병시 대처 방법 상세히 수록!  신국판 / 360쪽 / 9,500원

### 신재용의 민의학 동의보감
신재용(해성한의원 원장) 지음

주변의 흔한 먹거리를 이용하여 신비의 명약이나 보약으로 활용할 수 있는 건강 지침서로서 저자가 TV나 라디오에서 다 밝히지 못한 한방 및 민간요법까지 상세히 수록!!
신국판 / 476쪽 / 10,000원

### 치매 알면 치매 이긴다
배오성(백상한방병원 원장) 지음

자연의 생기를 빨아들이면서 마음을 다스리는 B.O.S.요법으로 뇌세포의 기능을 활성화시키고 엔돌핀의 분비효과를 극대화시켜 증상에 맞는 한약 처방을 병행하여 치매를 치유하는 획기적인 치유법 제시.  신국판 / 312쪽 / 10,000원

### 21세기 건강혁명 밥상 위의 보약 생식
최경순 지음

항암식품으로, 아름다운 몸매를 유지하면서 할 수 있는 다이어트식으로, 젊고 탄력적인 피부를 유지할 수 있게 해주는 자연식으로의 생식을 소개하여 현대인들의 건강 길라잡이가 되도록 하였다.　신국판 / 348쪽 / 9,800원

### 기치유와 기공수련
윤한홍(기치유 연구회 회장) 지음

누구나 노력만 하면 개발할 수 있고 활용할 수 있는 기 수련 방법과 기치유 방법을 자세하게 소개. 신국판 / 340쪽 / 12,000원

### 만병의 근원 스트레스 원인과 퇴치
김지혁(김지혁한의원 원장) 지음

현대를 살아가는 사람들에게 스트레스는 피할 수 없는 존재. 만병의 근원인 스트레스를 속속들이 파헤치고 예방법까지 속 시원하게 제시!!　신국판 / 324쪽 / 9,500원

### 김종성 박사의 뇌졸중 119
김종성 지음

우리나라 사망원인 1위. 뇌졸중 분야의 최고 권위자인 저자가 뇌졸중의 예방에서 치료법까지 상세하게 제시한 건강서. 일상생활에서의 건강관리부터 환자간호에 이르기까지 뇌졸중의 모든 것을 수록.　신국판 / 356쪽 / 12,000원

### 탈모 예방과 모발 클리닉
장정훈 · 전재홍 지음

미용적인 측면과 우리가 일상적으로 고민하고 궁금해 하는 털에 관한 내용들을 피부과 전문의인 저자들의 치료 경험을 토대로 다양하고 재미있게 예들을 들어가면서 흥미롭게 구성. 저자들의 글을 풀어가는 엽담을 느낄 수 있는 편집도 이 책의 또다른 특징.　신국판 / 290쪽 / 8,000원

### 구태규의 100% 성공 다이어트
구태규 지음

하이틴 영화배우의 다이어트 체험서. 저자만의 다이어트법을 제시하면서 바람직한 다이어트에 대해서도 알려준다. 건강하게 날씬해지고 싶은 사람들을 위한 필독서!　4 · 6배판 변형 / 240쪽 / 9,900원

### 암예방과 치료법
이춘기 지음

현재 미국 암센터에서 활동하고 있는 저자가 암환자와 가족들을 위해서 암의 치료방법에서부터 합병증의 예방 및 암이 생기기 전에 알 수 있는 방법에 이르기까지 상세하게 설명해 놓은 책.　신국판 / 296쪽 / 11,000원

### 알기 쉬운 위장병 예방과 치료법
민영일 지음

소화기관인 위와 관련 기관들의 여러 질환을 발병 원인, 증상, 치료법을 중심으로 알기 쉽게 해설해 놓은 건강서. 속이 쓰리거나 음식을 삼킬 때 가슴이 막히는 증상 때문에 걱정이 되는 독자들은 이 책으로 근심을 한 방에 날려버릴 수 있다.
신국판 / 328쪽 / 9,900원

### 이온 체내혁명
노보루 야마노이 지음 · 김병관 옮김

음이온의 생성, 음이온이 많은 환경, 음이온이 건강에 미치는 영향 등을 구체적인 실험사례를 들어가면서 설명한 신개념의 건강서. 새로운 건강관리 이론으로 주목을 받고 있는 음이온을 통해 건강을 돌볼 수 있는 방법 제시.
신국판 / 272쪽 / 9,500원

### 어혈과 사혈요법
정지천 지음

침과 부항요법 등을 사용하여 피를 맑게 함으로써 모든 질병을 다스릴 수 있는 방법을 알려 준다. 특히 우리 주변에서 흔하게 접할 수 있는 각 질병의 상황별 처치를 혈자리 그림과 함께 상세하고 쉽게 해설.　신국판 / 308쪽 / 12,000원

## 교 육

### 우리 교육의 창조적 백색혁명
원상기 지음

자라나는 새싹들이 기본적인 지식과 사고를 종합적 · 창조적으로 발전시켜 창조적인 사고능력을 배양할 수 있도록 한 교육지침서.　신국판 / 206쪽 / 6,000원

### 육아아이디어 263
생활컨설턴트그룹 엮음 · 한양심 옮김

세상에서 가장 예쁘고 소중한 우리 아기에게 언제나 여유로우면서도 무슨 일이든 척척 처리하는 현명한 신세대 엄마가 되기 위한 최신 육아 정보 수록!　신국판 / 318쪽 / 6,000원

### 현대생활과 체육
조창남 외 5명 공저

건강의 개념 및 체력의 개요를 비롯한 각종 현대병의 원인과 예방 및 운동요법에 대한 이론과 요즘 각광받는 골프 · 스키 · 볼링 등의 레저스포츠 분야로 나눠 체육학을 전공하는 학생들 및 일반인들이 관심 있는 부분까지 총망라한 생활체육 총서!!
신국판 / 340쪽 / 10,000원

### 퍼펙트 MBA
IAE유학네트 지음

기존의 관련 도서들과는 달리 Top MBA로 가는 길을 상세하고 완벽하게 수록. 에세이를 쉽게 작성할 수 있는 작성법과 톱비즈니스 스쿨에 합격한 학생들의 원문도 수록하여 톱 MBA를 꿈꾸는 지원자들에게 가장 완벽하고 충실한 최신 정보 제공.　신국판 / 400쪽 / 12,000원

### 유학길라잡이 I -미국편
IAE유학네트 지음

미국의 교육제도 및 유학을 가기 위해서 준비해야 할 절차, 미국 현지 생활 정보, 최신 비자정보 등을 한 눈에 볼 수 있는 유학길잡이.　4 · 6배판 / 372쪽 / 13,900원

### 유학길라잡이 II - 4개국편
IAE유학네트 지음

영어권 국가인 영국 · 캐나다 · 호주 · 뉴질랜드의 현지 정보 · 교육제도 및 각 국가별 학교의 특화된 교육내용 완전 수록!!

4 · 6배판 / 348쪽 / 13,900원

### 조기유학길라잡이.com

IAE유학네트 지음

영어권으로 나이 어린 자녀를 유학보내기 위해 준비중인 학부모 및 준비생들이 반드시 알아야 할 영어권 나라의 교육제도 및 학교별 데이터를 완벽하게 수록하여 유학정보서의 질을 한 단계 상승시킨 결정판!!  4 · 6배판 / 428쪽 / 15,000원

### 현대인의 건강생활

박상호 외 5명 공저

현대인들의 건강한 삶을 위한 사회체육의 중요성을 강조. 건강과 체력 증진을 위한 기본상식, 노인과 건강 등 이론과 스쿼시 · 스키 · 윈드 서핑 등 레저스포츠 등의 실기편으로 이루어진 알찬 내용 수록.  4 · 6배판 / 268쪽 / 15,000원

### 천재아이로 키우는 두뇌훈련

나카마츠 요시로 지음 · 민병수 옮김

화이트 브레인을 발달시켜야 머리가 좋은 아이로 자란다. 머리가 좋은 아이로 키우기 위한 환경 만들기, 식사, 운동 등 연령별 두뇌 훈련법 소개.  국판 / 288쪽 / 9,500원

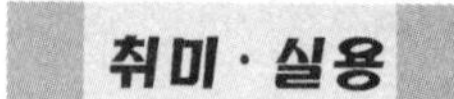


### 김진국과 같이 배우는 와인의 세계

김진국 지음

포도주 역사에서 분류, 원료 포도의 종류와 재배, 양조 · 숙성 · 저장, 시음법, 어울리는 요리에 이르기까지 일반인의 관심사와 함께 와인의 유통과 소비, 와인 시장의 현황과 전망 등 산업적 부분까지 다루었다.
특히 와인소매점과 레스토랑 종사자들을 겨냥, 와인 판매 요령, 와인의 보관과 재고의 회전뿐만 아니라 고객에게 와인을 권하고 추천할 수 있는 능력, '와인 양조 비밀의 모든 것'을 동영상으로 제작한 CD까지, 와인의 모든 것이 담긴 종합학습서.  국배판 변형양장본(올 컬러판) / 208쪽 / 30,000원

### 경제 · 경영

### CEO가 될 수 있는 성공법칙 101가지

김승룡 편역

미래의 CEO를 위한 획기적인 경영실용서로서 또 한 번의 경제위기를 겪고 있는 우리의 현실을 극복하고 일어설 수 있는 리더로서의 역할과 책임에 대한 명확한 해답을 제시해줄 것이다.  신국판 / 320쪽 / 9,500원

### 정보소프트

김승룡 지음

홍수처럼 쏟아지는 정보를 수집 · 분석하여 효과적으로 활용하는 방법을 총망라한 정보 전략 완벽 가이드!!

---

신국판 / 324쪽 / 6,000원

### 기획대사전

다카하시 겐코 지음 · 홍영의 옮김

저자가 신사업 기획안과 지역 활성화의 프로젝트맨으로 수십 년간 활약하면서 얻은 경험과 체험을 토대로 엮은 완전 실용판 기획지침서. 히트상품의 개발, 창업의 성공, 업무의 효율화, 성공적인 마케팅전략, 인재조직의 활용, 비용절감 등 기획에 관련된 모든 사항을 실례와 도표를 통하여 초보자에서 프로기획맨에 이르기까지 효율적으로 활용할 수 있도록 체계적으로 총망라.  신국판 / 552쪽 / 19,500원

### 맨손창업 · 맞춤창업 BEST 74

양혜숙 지음

창업대행 현장 전문가가 추천하는 유망업종을 7가지 주제별로 나누어 수록한 맞춤창업서로 창업예비자들에게 창업의 길을 밝혀줄 발로 뛰면서 만든 실무 지침서!!
신국판 / 416쪽 / 12,000원

### 무자본, 무점포 창업! FAX 한 대면 성공한다

다카시로 고시 지음 · 홍영의 옮김

완벽한 FAX 활용법을 제시하여 가장 적은 자본으로 창업하려는 예비자들에게 큰 투자를 필요로 하지 않으면서 성공을 이끌어주는 길라잡이가 되는 실무 지침서.
신국판 / 226쪽 / 7,500원

### 성공하는 기업의 인간경영

중소기업 노무 연구회 편저 · 홍영의 옮김

무한경쟁시대에 각 기업들의 다양한 경영 실태 속에서 인사 · 노무 관리 개선에 있어서 기업의 효율을 높이고 발전을 이룰 수 있는 원칙을 제시.  신국판 / 368쪽 / 11,000원

### 21세기 IT가 세계를 지배한다

김광희 지음

21세기 화두로 떠오른 IT혁명의 경쟁력에 대해서 일반인들도 쉽게 이해할 수 있도록 전문가의 논리적이고 철저한 해설과 더불어 매장 끝까지 실제 사례를 곁들여 이 책을 통해 21세기 최정상에 오르는 방편을 터득하게 해줄 것이다.
신국판 / 380쪽 / 12,000원

### 경제기사로 부자아빠 만들기

김기태 · 신현태 · 박근수 공저

날마다 배달되는 경제기사를 꼼꼼히 챙겨보는 사람만이 현대 생활에서 부자가 될 수 있다. 언론인의 현장감각과 학자의 전문성을 접목시킨 것이 이 책의 특성! 누구나 이 책을 읽고 경제원리를 체득, 경제예측을 할 수 있게 준비된 생활경제서적.
신국판 / 388쪽 / 12,000원

### 포스트 PC의 주역 정보가전과 무선인터넷

김광희 지음

포스트 PC의 주역으로 급부상하고 있는 정보가전과 무선인터넷 그리고 이를 구현하기 위한 관련 테크놀러지를 체계적으로 소개한 지침서이다.  신국판 / 356쪽 / 12,000원

### 성공하는 사람들의 마케팅 바이블

채수명 지음

마케팅의 A에서 Z까지 마케팅 박사가 최근의 이론을 보완하

여 내놓은 마케팅 관련 실무서. 마케팅의 정보전략, 핵심요소, 컨설팅실무까지 저자의 노하우와 창의적인 이론이 결합된 마케팅서.   신국판 / 328쪽 / 12,000원

### 느린 비즈니스로 돌아가라

사카모토 게이이치 지음 · 정성호 옮김

미국식 스피드 경영에 익숙해져 현실의 오류를 간과하고 있는 사람들을 위한 어떻게 팔 것인가보다 무엇을 팔 것인가를 차분히 설명하는 마케팅 컨설턴트의 대안 제시서!

신국판 / 276쪽 / 9,000원

### 적은 돈으로 큰돈 벌 수 있는 부동산 재테크

이원재 지음

700만 원으로 부동산 재테크에 뛰어들어 100배 불린 저자가 부동산 재테크를 계획하고 있는 사람들이 반드시 알아두어야 할 내용을 경험담을 담아 해설해 놓은 경제서.

신국판 / 340쪽 / 12,000원

### 바이오혁명

이주영 지음

바이오혁명에 관한 기초지식을 현직 기자가 아주 쉽게 해설해 놓은 바이오 가이드서. 바이오에 관심은 있지만 접근하기 어려워하던 독자들이 바이오와 금방 친숙해질 수 있고 관련 용어 해설을 수록해 놓았다는 것이 이 책의 최대 장점.

신국판 / 328쪽 / 12,000원

## 주　식

### 개미군단 대박맞이 주식투자

홍성걸(한양증권 투자분석팀 팀장) 지음

초보에서 인터넷을 활용한 주식투자까지 필자의 현장에서의 경험을 바탕으로 한 주식 성공전략의 모든 정보 수록.

신국판 / 310쪽 / 9,500원

### 알고하자! 돈되는 주식투자

이길영 외 2명 공저

일본과 미국의 주식시장을 철저한 분석과 데이터화를 통해 한국 주식시장의 투자의 흐름을 파악함으로써 한국 주식시장에서의 확실한 성공전략 제시!!   신국판 / 384쪽 / 12,500원

### 항상 당하기만 하는 개미들의 매도 · 매수타이밍 999% 적중 노하우

강경무 지음

승부사를 꿈꾸며 와신상담하는 모든 이들에게 희망의 등불이 될 것을 확신하는 Jusicman이 주식시장에서 돈벌고 성공할 수 있는 비결 전격공개!!   신국판 / 336쪽 / 12,000원

### 부자 만들기 주식성공클리닉

이창회 지음

저자의 경험담을 섞어서 주식이란 무엇인가를 풀어서 써놓은 주식입문서.   신국판 / 372쪽 / 11,500원

### 선물 · 옵션 이론과 실전매매

이창회 지음

철저한 정글의 법칙이 적용되는 선물과 옵션시장에서 일반인

들이 실패하는 원인을 분석하고, 반드시 지켜야 할 투자원칙에 따라 유형별로 실전 매매 테크닉을 터득함으로써 투자를 성공적으로 할 수 있게 한 지침서!!

신국판 / 372쪽 / 12,000원

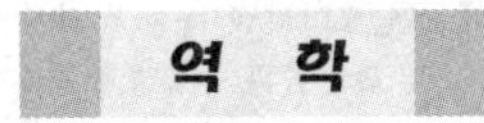

## 역　학

### 역리종합 만세력

정도명 편저

피흉취길해 나갈 수 있는 생활의 지침서!!
현존하는 만세력 중 최장 기간을 수록하였으며 누구나 이 책을 보고 자신의 사주를 쉽게 찾아보고 맞춰 볼 수 있게 하였다.   신국판 / 532쪽 / 10,500원

### 작명대전

정보국 지음

좋은 이름 짓는 원리를 체계적으로 공식화한 "쉽게 짓는 작명법"으로 독자들 스스로 작명할 수 있도록 한글 소리 발음에 입각한 작명의 원리를 밝힌 길라잡이이다.   신국판 / 460쪽 / 12,000원

### 하락이수 해설

이천교 편저

점서학인 하락이수를 직역으로 풀어 놓아 원작자의 깊은 뜻을 원형 그대로 전달하고 원문을 공부하려는 사람들에게 도움이 되는 해설서이다.   신국판 / 620쪽 / 27,000원

### 현대인의 창조적 관상과 수상

백운산 지음

관상에는 그 사람의 평생 운명이 담겨져 있다. 관상을 보면 그 사람의 성격, 운세, 미래의 성공 여부도 예측할 수 있다. 관상학을 터득하여 적절히 운명에 대처해 나감으로써 어느 분야에서든지 성공적인 삶을 누릴 수 있는 비법을 전해줄 것이다.   신국판 / 344쪽 / 9,000원

### 대운용신영부적

정재원 지음

운명을 새롭게 변화시켜주는 신비의 영부적!!
수많은 역사와 신비로운 영험을 지닌 1,000여 종의 부적과 저자가 수십 년간 연구 · 개발한 200여 종의 부적들을 집대성한 국내 최대의 영부적이다.   신국판 양장본 / 750쪽 / 39,000원

### 사주비결활용법

이세진 지음

컴퓨터와 역학의 만남!!  왕초보자도 한글만 알면 신녹현사주 방정식을 실전에 응용할 수 있다. 운명의 숨겨진 비밀을 꿰뚫어 보는 신녹현사주 방정식의 모든 것을 수록하였다.

신국판 / 392쪽 / 12,000원

### 컴퓨터세대를 위한 新 성명학대전

박용찬 지음

태어난 아기 이름은 물론 개명 · 상호 · 아호 짓는 법까지 사람이 살아가면서 필요한 모든 이름 짓기가 총망라되어 각자의 개성과 사주에 맞게 이름을 지음으로써 본인의 삶에 이름값을

할 수 있도록 누구나 쉽게 짓는 작명비법을 수록하였다.
신국판 / 388쪽 / 11,000원

### 길흉화복 꿈풀이 비법
백운산 지음

김일성 사망과 올림픽 유치, 월드컵 공동 개최를 예언하는 등 국내의 큰 예언을 꿈풀이를 통해서 정확히 맞춰온, 30년이 넘는 세월을 역학에 몸담으면서 터득한 꿈과 관련된 해몽들이 상세하게 수록되어 있고 길몽과 흉몽을 구분하여 그림과 함께 보기 쉽게 엮었으며, 특히 요즘 신세대 엄마들에게 관심이 많은 태몽이 여러 가지로 자세하게 풀이되어 있다.
신국판 / 410쪽 / 12,000원

### 새천년 작명컨설팅
정재원 지음

오랜 세월 철학원을 운영한 저자의 경험을 바탕으로 일반인들도 '참 쉽다'라는 표현이 저절로 나올 수 있도록 쓰여졌다. 독학으로 풍수지리학, 사주추명학 및 성명학을 섭렵한 저자의 경험을 되살려, 혼자 배워야 하는 독자들도 정말 이해하기 쉽도록 구성된 신세대 부모를 위한 쉽고 좋은 아기 이름만들기의 결정판이다. 더불어 개명·상호명·회사명·상품명까지 체계적으로 원리화하여 손쉽게 지을 수 있는 작명비법을 제시한다.  신국판 / 470쪽 / 13,000원

### 백운산의 신세대 궁합
백운산 지음

인간의 운명을 예언하는 역리학의 대가이며, 매스컴을 통하여 잘 알려진 백운산 선생이 남녀궁합 보는 법뿐만 아니라 인간관계, 출세, 재물, 자손문제, 건강문제, 성격, 길흉관계 등을 미리 규명할 수 있도록 쉽게 풀어놓았다.
신국판 / 304쪽 / 9,500원

### 동자삼 작명학
남시모 지음

한글 성명만으로 사람의 운세를 예측할 수 있다. 최초의 한글 성명학으로 한글의 독창성·우수성·과학성을 운명철학 차원에서 검증한, 한국사람에게 알맞은 건물명·상호·물건명 등의 이름을 자신에게 맞는 한글이름으로 지을 수 있는 작명비법을 제시한다.  신국판 / 496쪽 / 15,000원

### 구성학의 기초
문길여 지음

좋지 않은 운(運)을 길운(吉運)으로 바꾸어 운명을 새롭게 변화시키는 방위학의 모든 것을 통하여 개인의 일생운·결혼운·사고운·가정운·부부운·자식운·출세운을 성공적으로 이끄는 비법 공개.  신국판 / 412쪽 / 12,000원

## 법률 일반

### 여성을 위한 성범죄 법률상식
조명원(변호사) 지음

성희롱에서 성폭력범죄까지 여성이었기 때문에 특히 말 못하고 당해야만 했던 이 땅의 여성들을 위한 성범죄 법률상식서.
사례별 법적 대응방법 제시.  신국판 / 248쪽 / 8,000원

### 아파트 난방비 75% 절감방법
고영근 지음

예비역 공군소장이 잘못 부과된 아파트 난방비를 최고 75%까지 줄일 수 있는 방법을 구체적인 법적 근거를 토대로 작성한 아파트 난방비 절감방법 제시.  신국판 / 238쪽 / 8,000원

### 일반인이 꼭 알아야 할 절세전략 173선
최성호(공인회계사) 지음

세법을 제대로 알면 돈이 보인다.
현직 공인중계사가 알려주는 합법적으로 세금을 덜 내고 돈을 버는 절세전략의 모든 것!  신국판 / 392쪽 / 12,000원

### 변호사와 함께하는 부동산 경매 닷컴
최환주(변호사) 지음

경매재테크의 성공을 위한 입찰준비에서 낙찰까지의 경매 입찰 테크닉을 경매 전문 변호사가 명쾌하게 해설한 실전 경매 완벽 가이드서.  신국판 / 364쪽 / 11,000원

### 혼자서 쉽고 빠르게 할 수 있는 소액재판
김재용·김종철 공저

나홀로 소액재판을 할 수 있도록 소장작성에서 판결까지의 실제 재판과정을 상세하게 수록하여 이 책 한 권이면 모든 것을 완벽하게 해결할 수 있다.  신국판 / 312쪽 / 9,500원

### "술 한 잔 사겠다"는 말에서 찾아보는 채권·채무
변환철 지음

현대인들의 삶은 채권·채무라는 법률영역으로부터 벗어나서 살 수 없기 때문에 채권·채무 관련 분쟁이 끊임없이 발생하고 있다. 이러한 사실에 착안하여 전문 변호사가 속시원하게 구수한 문장력으로 해설해주는 일반인들이 꼭 알아야 할 채권·채무에 관한 법률 사항을 빠짐없이 수록했다.
신국판 / 408쪽 / 13,000원

### 알기쉬운 부동산 세무 길라잡이
이건우 지음

부동산을 사거나 팔 경우, 상속을 받을 경우, 또는 부동산을 소유하고 있을 경우에 세금을 내야 한다는 사실을 모르는 사람은 없을 것이다. 이 책에서는 부동산에 관련된 모든 세금을 알기 쉽게 단계별로 해설하고 있다. 합리적이고 탈세가 아닌 적법한 절세법 제시.  신국판 / 400쪽 / 13,000원

### 알기쉬운 어음, 수표 길라잡이
변환철(변호사) 지음

어음, 수표의 발행에서부터 처리방법, 도난 또는 분실한 경우의 공시최고와 제권판결에 이르기까지 어음, 수표 관련 법률 사항을 쉽고도 상세하게 설명해 놓은 생활법률서.
신국판 / 328쪽 / 11,000원

### 제조물책임법
강동근·윤종성 공저

제품의 설계, 제조, 표시상의 결함으로 소비자가 피해를 입었을 때 제조업자가 배상책임을 져야 하는 제조물책임 시대를 맞아 제조업자가 갖춰야 할 법률적 지식을 조목조목 설명해 놓은 법률서.  신국판 / 368쪽 / 13,000원

**부동산 생활법률의 기본지식**

대한법률연구회 지음 · 김원중 감수

부동산관련 기초지식과 분쟁해결을 위한 노하우, 테크닉을 제시하고 권두 특집으로 주택건설종합계획과 부동산 관련 정부 주요 시책을 소개하였다.　신국판 / 480쪽 / 12,000원

**고소장 · 내용증명 생활법률의 기본지식**

하태웅 지음

독자들이 고소 · 고발의 법적 의미를 정확히 이해하고 스스로 고소 · 고발장을 작성할 수 있도록 예문과 서식을 함께 소개하여 문제 해결에 대응할 수 있도록 하였다. 또 부록에는 형법과 형사소송법의 원문을 게재하여 법전 역할까지 할 수 있도록 히였다.　신국판 / 440쪽 / 12,000원

**노동 관련 생활법률의 기본지식**

남동희 지음

인터넷 노무 상담실을 운영하며 4만여 건 이상의 무료 상담을 계속하고 있는 저자의 상담 사례를 통해 문답식으로 속시원하게 풀어나가는 노동 관련 생활법률 해설의 최신 결정판이다. 아울러 취업규칙 · 단체협약 · 고용보험 관련 여러 가지 서류 및 직장 내 성희롱 예방 지도 지침 등과 같은 노동 관련 양식도 곁들였다.　신국판 / 528쪽 / 14,000원

**외국인 근로자 생활법률의 기본지식**

남동희 지음

외국인 연수협력단의 자문위원으로 오랜 시간 실무를 접했던 저자의 경험을 바탕으로 외국인 근로자의 체류자격 및 취업자격 등 법적 문제와 법률적 지위를 상세하게 다루었다.

신국판 / 400쪽 / 12,000원

**계약작성 생활법률의 기본지식**

이상도 지음

국민생활과 직결된 계약법의 기초를 이루는 핵심 기본지식을 간단명료하게 해설하고 계약서 작성 예문을 예시함으로써 실제 상황에 활용가능하게 하였다.　신국판 / 560쪽 / 14,500원

**지적재산 생활법률의 기본지식**

이상도 · 조의제 공저

현대 산업사회에서 중요시되고 있는 특허, 실용신안, 의장, 상표, 저작권, 컴퓨터프로그램저작권 등 지적재산의 모든 것을 체계화하여 한 권으로 요약하였다.　신국판 / 496쪽 / 14,000원

**부당노동행위와 부당해고 생활법률의 기본지식**

박영수 지음

노사관계 이슈 중에서 주요 핵심사항인 부당노동행위와 정리해고 · 징계해고를 중심으로 간단 명료한 해설과 더불어 대법원 판례, 노동위원회에 의한 구제절차, 소송절차 및 노동부 업무처리지침을 소개하여 실질적인 도움이 되도록 하였다.

신국판 / 432쪽 / 14,000원

**주택 · 상가임대차 생활법률의 기본지식**

김운용 지음

전세업자들이 보증금 반환소송이나 민사소송, 경매절차까지의 모든 기본적인 흐름을 알 수 있도록 인터넷을 통한 실제 법률 상담을 전격 수록하였다. 이 책을 통하여 사전 분쟁을 막고 많은 시간과 비용 및 정신적 고통까지 당하는 소송이나 강제집행의 단계에 이르지 않고 문제 해결을 할 수 있도록 하였다.

신국판 / 480쪽 / 14,000원

**하도급거래 생활법률의 기본지식**

김진홍 지음

경제적 약자인 하도급업자를 위하여 하도급거래 관련 필수적인 법률사안들을 쉽게 해설함과 동시에 실무에 필요한 12가지 하도급표준계약서를 소개하여 공정한 하도급거래의 법률자문 역할을 할 수 있도록 하였다.　신국판 / 440쪽 / 14,000원

**이혼소송과 재산분할 생활법률의 기본지식**

박동섭 지음

이혼과 관련하여 해결해야 할 법률문제들을 저자의 실무경험을 바탕으로 명쾌하게 해설하였다. 아울러 약혼이나 사실혼과 기로 인한 위자료문제도 함께 다루어 가정문제로 고민하는 사람들에게 길잡이가 되도록 하였다.　신국판 / 460쪽 / 14,000원

**부동산등기 생활법률의 기본지식**

정상태 지음

등기의 효력, 등기신청은 어떻게 하며, 필요한 서류는 무엇이고, 등기종류에는 어떤 것들이 있는가 등 부동산등기 전반에 걸쳐 일반인이 꼭 알아야 할 법률상식을 간추려 간단, 명료하게 해설하였다.　신국판 / 456쪽 / 14,000원

**기업경영 생활법률의 기본지식**

안동섭 지음

사업을 구상하고 있는 사람이나 현재 경영하고 있는 사람 및 관리실무자에게 필요한 법률을 체계적으로 알려줌으로써 성공적인 기업 경영자의 비전을 제시. 또한 관련 법률서식과 서식작성 예문도 함께 소개.　신국판 / 466쪽 / 14,000원

**교통사고 생활법률의 기본지식**

박정무 · 전병찬 공저

교통사고 관련 법률문제를 몰라 당황한 나머지 억울하게 피해를 보는 사람들이 많은 점을 고려하여 사고당사자가 쉽게 응용할 수 있도록 단계별 해결책을 제시함과 동시에 사고유형별 Q&A를 통하여 상세한 법률자문 역할을 하였다.

신국판 / 480쪽 / 14,000원

**소송서식 생활법률의 기본지식**

김대환 지음

우리가 사회생활을 하면서 부딪치게 되는 사안들을 일상생활과 밀접한 소송서식을 중심으로 소장작성부터 판결을 받을 때까지 그 절차마다 법원에 제출하는 순위에 따라 그 서식작성 요령을 서식 항목별로 자세하게 설명.

신국판 / 480쪽 / 14,000원

**호적 · 가사소송 생활법률의 기본지식**

정주수 지음

개명, 성 · 본 창설, 취적절차 및 법원의 허가 및 판결에 의한 호적정정절차, 친권 · 후견절차, 실종선고 · 부재선고절차에 이르기까지 상세한 해설과 함께 신고서식 작성요령과 구비할 서류 및 재판절차를 자세히 설명.　신국판 / 516쪽 / 14,000원

**상속과 세금 생활법률의 기본지식**
박동섭 지음

지금 우리 주위에 상속을 둘러싸고 형제간, 부모자식간에 다툼이 갈등이 있는 경우를 심심치 않게 본다. 이럴 때 상속재산 분할, 상속회복청구, 유류분반환청구, 상속세부과처분취소 등 상속관련 사건들을 해결하는 데 도움이 되도록 상속법과 상속세법을 상세하게 함께 수록.   신국판 / 480쪽 / 14,000원

**성공적인 삶을 추구하는 여성들에게 우먼파워**
조안 커너 · 모이라 레이너 공저, 지창영 옮김

사회의 여성을 향한 냉대와 편견의 벽을 깨뜨리고 성공적인 삶을 이루려는 여성들이 갖추어야 할 자세 및 삶의 이정표 제시!!   신국판 / 352쪽 / 8,800원

**聽 이익이 되는 말 話 손해가 되는 말**
우메시마 미요 지음 · 정성호 옮김

상호 교류감이 있는 대화가 인생과 비즈니스를 성공으로 이끈다. 직장이나 집안에서 언제나 주고받는 일상의 화제를 모아 실음으로써 대화의 참의미를 깨닫고 비즈니스를 성공적으로 이끌기 위한 대화술을 키우는 방법 제시!!
신국판 / 304쪽 / 9,500원

**성공하는 사람들의 화술테크닉**
민영욱 지음

개인간의 사적인 대화에서부터 대중을 위한 공적인 강연에 이르기까지 어떻게 말하고 어떻게 스피치를 할 것인가에 관한 지침서. 자신의 경험을 바탕으로 한 이론을 통해 화술이 부족해서 사회에 적응하지 못하는 사람들에게 길라잡이가 된다.
신국판 / 320쪽 / 9,500원

**부자들의 생활습관 가난한 사람들의 생활습관**
다케우치 야스오 지음 · 홍영의 옮김

경제학의 발상을 기본으로 하여 사람들이 살아가면서 생활에서 생각해 볼 수 있는 이익을 보는 생활습관과 손해를 보는 생활습관을 수록. 독자 자신에게 맞는 생활습관의 기본 전략을 설계할 수 있도록 제시.   신국판 / 320쪽 / 9,800원

**명상으로 얻는 깨달음**
달라이 라마 지음 · 지창영 옮김

티베트의 정신적 지도자이자 실질적 지도자인 달라이 라마의 수많은 가르침 가운데 현대인에게 필요해지고 있는 인내에 대해 문답형으로 풀어놓았다. 달라이 라마와 함께 풀어보는 인내에 대한 이야기. 국판 / 320쪽 / 9,000원

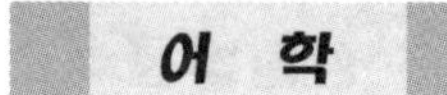


**2진법 영어**
이상도 지음

영어학습의 대혁명!!
2진법 영어의 비결을 통해서 기존 영어학습 방법의 단점을 말끔히 해소시켜 주는 최초로 공개되는 고효율 영어학습 비법.
4 · 6배판 변형 / 328쪽 / 13,000원

**한 방으로 끝내는 영어**
고제윤 지음

일상생활에서의 이야기를 바탕으로 하는 영어강의로 영어문법은 재미없고 지루하다고 생각하는 이 땅의 모든 사람들의 상식을 깨면서 학습 효과를 높이기 위한 공부방법을 제시하는 새로운 영어학습서.   신국판 / 316쪽 / 9,800원

**한방으로 끝내는 영단어**
김승엽 지음 / 김수경 · 카렌다 감수

일상생활에서 우리가 무심코 던지는 영어 한마디가 당신의 영어수준을 드러낸다는 사실을 깨닫게 하는 영어 실용서. 풍부한 예문을 통해 참영어를 배우겠다는 사람, 무역업이나 관광 안내업에 종사하는 사람, 영어권 나라로 이민을 가려는 사람들에게 많은 도움을 줄 것이다.   4 · 6배판 변형/ 236쪽/ 9,800원

**테마별 고사성어로 익히는 한자**
김경익 지음

세글자, 네글자로 이루어진 고사성어를 통해 실용한자를 익히고 성어 속에 담긴 의미도 오늘에 맞게 재해석 해보는 한자 학습서   4 · 6배판 변형 / 248쪽 / 9,800원

**해도해도 안 되던 영어회화**

**하루에 30분씩  90일이면 끝낸다**

Carrot Korea 편집부 지음

온라인과 오프라인을 넘나들면서 영어학습자들의 각광을 받고 있는 린다의 현지 생활 영어 수록. 교과서에서 배울 수 없었던 생생한 실생활 영어를 90일 학습으로 모두 끝낼 수 있다.
4 · 6배판 변형 / 256쪽 / 11,000원

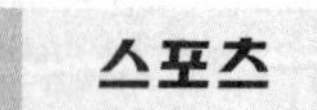


**수열이의 브라질 축구 탐방 삼바 축구, 그들은 강하다**
이수열 지음

축구에 대한 관심만으로 각 나라의 축구팀, 특히 브라질 축구팀에 애정을 가지고 브라질 축구팀의 전력 및 각 선수들의 장단점을 나름대로 분석하고 연구하여 자신의 의견을 피력하고 있는 축구 길라잡이서.   신국판 / 280쪽 / 8,500원